UNE GUERRE MADE IN RUSSIA

Du même auteur

Les Quatre Guerres de Poutine, Buchet-Chastel, 2020.

SERGUEÏ MEDVEDEV

UNE GUERRE MADE IN RUSSIA

Traduit du russe

BUCHET • CHASTEL

Titre original : *A War Made in Russia*
Éditeur original : Polity Press, Cambridge, Royaume-Uni

ISBN 978-2-283-03927-4

INTRODUCTION

« De la méthode dans la folie »

1.

À l'école, ma discipline préférée était l'histoire. Elle nous était enseignée par Galina Roudolfovna, femme austère à la coiffure monumentale, aux lunettes en cul de bouteille et à la voix péremptoire, qui était également secrétaire de la cellule du Parti de notre établissement. Son dada était la méthodologie marxiste, et elle nous exposait, d'un ton triomphant, la logique inébranlable de l'histoire d'après Marx : base et superstructure, forces productives et rapports de production, succession des ordres socio-économiques. J'aimais ce schéma harmonieux et sa capacité à apporter une réponse à toute question. Mais le programme scolaire ne s'arrêtait pas là. Galina Roudolfovna allait plus loin et nous parlait des sources du marxisme, de la philosophie classique allemande, de Schelling et de Hegel, de sa logique de l'histoire. La métaphore de Hegel empruntée à *Hamlet* a ravi mon imagination d'adolescent : l'esprit du monde, écrivait-il, creuse insensiblement dans l'épaisseur de l'histoire et remonte à la surface sous la forme d'un État idéal – lequel, pour le philosophe, était le royaume de Prusse de son temps, encore marqué de la magnificence de Frédéric le Grand. « À sa poussée, écrit Hegel dans ses *Leçons sur la philosophie de l'histoire*, quand la taupe continue de fouir à l'intérieur, il nous faut lui prêter l'oreille et lui procurer effectivité[1]. »

Assis dans une classe vivement éclairée par les lampes au néon, je regardais par la fenêtre le sombre paysage matinal des derniers jours de l'automne moscovite, s'y dessinaient des immeubles gris et des arbres nus. Je me souviens des dernières années de l'Union soviétique comme d'une époque terne et figée : files d'attente devant les magasins, chansons patriotiques à la radio, échanges à mi-voix, conversations des adultes sur la bombe atomique, l'académicien Sakharov, la guerre en Afghanistan – les cimetières moscovites se peuplaient de nouvelles rangées de tombes où reposaient des gars à peine plus âgés que moi, et mes camarades de classe et moi avions bien conscience de l'absolue nécessité d'entrer à la fac pour obtenir un sursis militaire. En novembre de cette année 1982, Brejnev est mort, le chassé-croisé des secrétaires généraux a commencé, l'Union soviétique s'enfonçait dans le monde des ombres. Ce pays-là a disparu quelques années plus tard, il a soudain rendu son dernier souffle. Comme il arrive souvent avec l'État en Russie – « Pas sur un boom, sur un murmure[2] ». Pourtant les leçons de philosophie hégélienne me sont restées, tout comme l'image shakespearienne de la taupe de l'histoire, et le désir d'écouter son creusement incessant, de chercher une logique dans les événements historiques.

Quarante ans plus tard, la Russie mène de nouveau une guerre coloniale sur le territoire d'un pays voisin, l'Ukraine, et de nouveau l'on entend s'élever les chants patriotiques, tandis que les rangées de tombes sont de plus en plus longues, et que reviennent la peur d'une frappe nucléaire ainsi que les conversations à mi-voix dans la cuisine. On s'attendait à cette guerre, les services de renseignements britanniques et américains multipliaient les avertissements, et pourtant personne ou presque ne croyait qu'au XXIe siècle une grande puissance, membre permanent du Conseil de sécurité de l'ONU, déploierait, de manière directe et frontale, un contingent de près d'un quart de million d'hommes pour envahir un pays voisin, tenter de s'emparer de son territoire et d'en renverser le gouvernement légitime – comme si nous étions encore au cœur du XXe siècle, sinon du XVe ou du XVIe. L'Europe n'avait vu rien de tel depuis 1945, et d'un point de vue plus large, seule l'invasion du Koweït par Saddam Hussein en août 1990 revient à l'esprit. La guerre de la Russie contre l'Ukraine déclenchée en 2022 marque une fracture géopolitique majeure, l'écroulement de tout un système international de sécurité, c'est une tragédie pour l'Ukraine, mais aussi une catastrophe pour la Russie qui, s'étant coupée de la communauté internationale, est entrée dans un régime de chute libre.

Personne ne pouvait prédire l'ampleur de cet écroulement : nous dégringolons avec l'avalanche, en essayant de nous maintenir à la surface, de ne pas être ensevelis vivants. Grande est la tentation d'imputer tout cela à la folie d'un seul individu, qui aurait provoqué l'avalanche par un coup de pied sur une pente dangereuse, ou à une élite russe embourbée dans le marais du ressentiment et du complexe d'infériorité, de qualifier tout cela de « guerre de Poutine » et de « syndrome post-impérial », mais user de ces formules voudrait dire que je renonce à porter un regard objectif sur l'histoire. Ce livre est une tentative pour discerner une « méthode dans la folie », comme l'écrivait Shakespeare[3], pour trouver une loi dans la catastrophe, l'inscrire dans la logique de l'histoire russe, dans les phases de la vie et de la mort de l'Empire russe, dans les structures de la politique, de la société et de la conscience collective russes. Autrement dit, une tentative pour déceler le caractère objectif de cette guerre : telle la taupe, elle s'est longuement préparée, se frayant un chemin dans l'épaisseur du temps, puis elle est remontée à la surface sous la forme de l'État poutinien qui a déclenché le carnage le plus sanguinaire qu'ait connu l'Europe depuis la Seconde Guerre mondiale.

2.

La guerre a toujours été un mode d'existence pour l'État russe, sa raison d'être. Apparu à l'aube de l'ère moderne aux confins orientaux de l'Europe, « coincé entre la Lituanie et les Tartares », selon la juste expression de Marx, il s'est formé au fil d'une lutte permanente contre les empires grandissants de l'Occident d'un côté, et des cavaliers de la steppe eurasienne de l'autre. À l'ouest, la tâche essentielle de l'État russe était en premier lieu de se défendre : durant des siècles, il a repoussé les offensives des armées européennes – Polonais et Lituaniens au XVIIe siècle, Suédois au XVIIIe, Napoléon, puis encore une fois Français et Anglais en Crimée au XIXe, Allemands et Autrichiens au début du XXe, et ensuite Hitler quelque vingt ans plus tard… Tout cela a donné naissance à ce que Vassili Klioutchevski, historien russe du XIXe siècle, nommait « la structure militaire de l'État », organisé avant tout pour faire la guerre. Au XVIIIe siècle, la Russie dut construire un rempart défensif allant de la mer Noire à la Baltique, long de plus de 2 000 kilomètres, constitué d'une double ligne de forteresses, séparées par une journée de marche, mais il ne suffisait pas à la protéger de nouvelles invasions. En conséquence de ces guerres, la Russie est le seul empire de l'ère moderne à avoir été en mesure de tenir bon lors de sa confrontation avec l'Occident, tandis que tous les autres – les empires mésoaméricains des Aztèques et des Incas, l'empire des Séfévides en Perse, celui des Grands Moghols en Inde, la dynastie Qing et le shogunat Tokugawa au Japon – tombaient sous la pression d'une civilisation qui les surpassait, pour n'en être plus que des colonies ou des protectorats : Marshall Poe, professeur d'histoire à Harvard, appelle cela le « moment russe » de l'histoire du monde, et l'impute justement à l'organisation spécifique de l'État et de la société russes[4]. Dans le même temps, la Russie étendait son domaine à l'ouest, après avoir annexé la Pologne, la Finlande et la Bessarabie.

Au sud et à l'est, la Russie n'a cessé également de se défendre durant les premiers siècles de son existence – d'abord, au milieu du XIIIe siècle, les Mongols ont envahi la Rus' de Kiev pour l'intégrer à la province occidentale du khanat de Djötchi, au sein de l'empire de Gengis Khan, mais après l'éclatement de la Horde deux siècles plus tard, la Moscovie a encore longtemps guerroyé contre ce qui en restait : les raids des Nogaïs et des Tatars de Crimée contre la Rus' ont continué jusqu'à la fin du XVIIIe siècle. Très tôt, pour se protéger des incursions des peuples des steppes sur ses frontières méridionales et orientales, elle a créé et fortifié, à l'autre bout de la Grande Steppe, une ligne de défense, analogue à la Grande Muraille de Chine, mais construite en bois, matériau essentiel pour la civilisation sylvestre russe. À partir du milieu du XVIe siècle, dès lors qu'Ivan le Terrible s'empare de Kazan, capitale du khanat du même nom – un des principaux héritiers de la Horde et rival de Moscou –, et traverse la Volga, commence une incessante expansion de la Russie vers l'est et le sud, qui se poursuit durant les quatre siècles suivants. Au cours de cette progression sans précédent (Richard Pipes a calculé qu'entre les XVIe et XVIIe siècles, la Russie s'est agrandie chaque année à raison de 35 000 kilomètres carrés, soit la superficie de la Belgique), la Russie a accaparé toute l'Eurasie du Nord et s'est transformée en un des plus grands empires continentaux[5].

Cet élargissement, en plus des guerres et des expéditions continuelles, a nécessité une organisation particulière de l'État, de ses rapports avec la population et de sa manière de gouverner le territoire. Alexandre Etkind a nommé ce phénomène « colonisation intérieure », qui a vu l'État russe coloniser son propre peuple à l'intérieur de ses frontières, tout en repoussant celles-ci au gré d'une colonisation extérieure[6]. Les rapports entre l'État et la population en Russie ont toujours été construits sur un modèle non pas civique et républicain, mais colonial et exploiteur – les êtres humains étant considérés comme une ressource naturelle pour mener à bien les objectifs stratégiques de l'État. La colonisation de la Sibérie et de l'Extrême-Orient a été, à maints égards, militaro-policière et « pénitentiaire » (à l'instar de la colonisation de l'Australie par l'Empire britannique) : sur les terres conquises, l'État bâtissait des forteresses et des fortins, des prisons, peuplant d'immenses étendues gelées de soldats, de déportés et de forçats. De ce fait, l'espace russe est souvent vu sous un aspect répressif, carcéral : durant plusieurs siècles, la Sibérie a suscité la crainte en tant que lieu d'exil, c'est dans les grands froids sibériens qu'ont péri sans laisser de trace des générations d'ennemis de l'État, des gens simplement indésirables et des peuples entiers, et cet espace est devenu synonyme d'exclusion, de châtiment et d'oubli.

Guerres extérieures et colonisation intérieure ont défini un rôle spécifique de la violence dans les rapports entre le pouvoir et la société, entre l'État et l'individu – l'espace russe s'est trouvé soumis à un régime de surveillance policière excluant presque totalement toute organisation civique, toute autonomie territoriale. Sous le régime militaro-féodal ainsi constitué, la noblesse terrienne remplissait avant tout une fonction militaire : le propriétaire foncier recevait de l'État un lopin de terre et y formait des soldats afin de fournir des recrues à l'armée et, à l'appel du tsar, d'aller à la guerre avec armes, chevaux et charroi. Le pays a vu s'instaurer ainsi une élite militarisée : l'aristocrate est inscrit dès sa naissance dans un régiment précis, et ce n'est qu'à partir de la seconde moitié du XVIIIe siècle que la noblesse a la possibilité d'effectuer un service civil régulier. La guerre devient une routine, une tâche ordinaire pour une grande part de la population, le risque d'être tué donne naissance au fameux fatalisme russe, à l'habitude de jouer avec le sort. C'est ce dont parle Iouri Lotman, quand il étudie la culture russe des XVIIIe et XIXe siècles, pour expliquer la passion des Russes pour les jeux de cartes et les duels[7].

C'est toujours cette même « structure militaire de l'État », selon Klioutchevski, qui a conduit les services spéciaux et la police secrète à jouer un rôle particulier en tant que dépositaires de la violence d'État. Soumis à fort peu de contraintes et de contrepoids institutionnels, ils obtenaient un accès direct au pouvoir suprême et exerçaient une influence démesurée sur la politique du gouvernement. Dans l'URSS de Staline, il en a résulté une terreur à grande échelle menée par les services de sécurité de l'État : l'Union soviétique s'est intrinsèquement transformée en un État terroriste, en institutionnalisant l'idée d'une guerre de l'État contre sa propre population et d'une guerre de l'empire contre le monde extérieur, et en faisant de la violence non plus un instrument de l'État, mais sa fonction essentielle.

Mikhaïl Gorbatchev a tenté de briser ce schéma, d'affaiblir la peur que la Russie inspirait au monde, en permettant le démantèlement de l'Empire soviétique en Europe de l'Est et la montée de la conscience nationale dans les républiques mêmes de l'URSS, ainsi qu'en acceptant des réductions sans précédent des forces nucléaires et conventionnelles soviétiques. Mais sa tentative n'était qu'une demi-mesure, tout comme les réformes ultérieures lancées par Boris Eltsine : s'ils se sont attaqués aux structures de domination impériale, ils n'ont pas osé s'en prendre aux appareils de la violence intérieure et surtout pas au système du KGB, qui en ces temps nouveaux s'était donné le nom de FSB, mais conservait ses fonctions antérieures, ses leviers d'influence et son mode de pensée, tout en se fondant naturellement dans la nouvelle structure de marché de la Russie postsoviétique à titre de principale entreprise productrice de violence. Mieux encore, les tchékistes* ont gardé vivant le mythe, hérité de l'époque soviétique, d'un « Ordre secret », d'un pouvoir caché venant au secours de l'État menacé de dislocation.

... 1999. La Russie vient de traverser dix années difficiles de transformation postcommuniste, les « années sauvages ». En 1998, le pays a connu une très grave crise économique : le 17 août, l'État a annoncé un défaut de paiement sur sa dette à court terme. À la fin de l'année, le rouble est tombé au tiers de sa valeur, le niveau de vie s'est effondré, le système bancaire est paralysé. Boris Eltsine, après avoir subi un pontage coronarien, a presque abandonné ses fonctions

* Agents de la Tchéka, la police politique créée par Felix Dzerjinski en 1917, dont le nom sert toujours à désigner les agents de la sûreté de l'État, qu'il s'agisse du KGB ou de son héritier, le FSB [*N.d.T.*].

et a disparu un long moment du Kremlin : dans le langage de son porte-parole, il « travaill[ait] sur ses dossiers ». Sa « famille » (sa fille, son futur gendre, les fonctionnaires et oligarques qui lui étaient proches), angoissée par le défaut de paiement, soucieuse de la transition du pouvoir et de garanties pour sa propre sécurité, lui a cherché fébrilement un successeur. Les sondages d'opinion montraient invariablement que le pays aspirait à la stabilité et réclamait un État fort et une figure du *silovik** – un homme d'âge moyen, sobre et en bonne santé : un général d'active ou un représentant des services spéciaux, un « agent secret ». La figure choisie pour incarner l'homme fort réclamé par la population et l'entourage d'Eltsine fut le directeur du FSB, le zélé et discret colonel Vladimir Poutine. En août 1999, Eltsine le nomma président par intérim du gouvernement de la Russie et le désigna pour successeur. Le 31 décembre 1999, Eltsine annonça sa démission et Poutine devint chef de l'État par intérim ; en mars 2000, il fut élu président. La Russie entrait dans un nouveau siècle et une nouvelle ère politique.

3.

Une des principales questions auxquelles ce livre essaie de répondre est celle-ci : le conflit en Ukraine est-il une guerre personnelle de Poutine ou une guerre de toute la Russie ? Ou bien, de manière plus générale : le régime actuel est-il accidentel, imposé par un unique individu, ou bien naturel,

* Tout collaborateur des ministères et organismes auxquels l'État délègue son monopole de la violence légitime (police, armée, justice, services secrets, etc.) [*N.d.T.*].

fruit d'une longue évolution du pays ? Dans un livre récemment publié, Samuel Greene et Graeme Robertson optent pour la seconde réponse : « Il faut penser non à la Russie de Poutine, mais au Poutine de la Russie. Nous devons bien comprendre que Poutine ne se place pas au-dessus de son pays, mais qu'il incarne ce pays, sa politique, sa société et son histoire[8]. » Au reste, il y a près de vingt ans, en 2005, l'écrivain Viktor Pelevine, célèbre pour ses aphorismes sur la vie russe contemporaine, déclarait lors d'une interview que la Russie avait trouvé son idée nationale : « C'est Poutine lui-même[9]. »

La question de Poutine est avant tout une question d'identité. À une époque de multiples fractures – effondrement de l'Empire soviétique, arrivée de l'économie de marché avec ses tentations et ses risques, crise des « valeurs traditionnelles » et coups de boutoir de la mondialisation –, la Russie s'est trouvée confrontée à une profonde crise identitaire. Le système de valeurs communiste s'était décomposé et avait sombré dans le passé, le marché mondial ne pouvait créer de substitut adéquat. L'« idée russe » demeurait l'apanage de marginaux barbus. Aussi, pour y remédier, Poutine a-t-il commencé à promouvoir l'idée de nostalgie d'un grand passé de la Russie, de son lustre impérial perdu.

Poutine n'est pas le seul dirigeant à avoir recouru à cette grandeur révolue, et il a même anticipé plusieurs phénomènes survenus en différents points du globe : Trump et son *Make America great again*, le Brexit et sa nostalgie d'une Grande-Bretagne indépendante du reste de l'Europe, les nationalistes d'Europe de l'Est comme Viktor Orbán ou Jarosław Kaczyński, et l'extrême droite en Europe de l'Ouest ; d'un autre côté, son tournant conservateur et autoritaire a devancé à bien des égards l'autoritarisme d'un Recep Tayyip Erdoğan, d'un Narendra Modi ou d'un

Xi Jinping, c'est pourquoi on se gardera de sous-estimer l'attractivité du poutinisme dans le reste du monde. Le message principal s'adressait cependant à ses compatriotes : tel le héros des films cultes *Le Frère* (1997) et *Le Frère 2* (2000), Danila Bagrov (équivalent russe de Rambo, qui débarrassa les États-Unis du « syndrome du Vietnam »), Poutine promettait de venger les « affronts » infligés à la Russie (généralement imaginaires) et de « relever la Russie mise à genoux ». Les consultants politiques qui ont modelé l'image de Poutine dans les années 1999-2000 ont bien saisi le type de personnage nécessaire : un leader fort, dur et intransigeant, prononçant des mots justes sur la lutte contre le terrorisme sans faire de courbettes aux libéraux. Se démarquant des fades politiciens de l'« époque post-héroïque », Poutine dévoilait au monde l'archétype du chef militaire se mettant en scène dans le cockpit d'un avion de chasse, sur le pont d'une vedette de la marine ou à cheval, torse nu, offrant ainsi une des images les plus mémorables du XXIe siècle, qui nous renvoyait au temps de la masculinité, du patriarcat et de la force brute.

Poutine a rendu à la Russie l'un de ses principaux archétypes : la guerre. Il a accédé au pouvoir en tant que « président de guerre » et absolument chaque année de son règne a été marquée par ce sujet. Sa désignation précipitée au poste de Premier ministre, le 9 août 1999, coïncidait avec l'attaque de combattants tchétchènes contre le Daghestan survenue deux jours plus tôt. Ensuite se produisirent une série d'explosions mystérieuses dans plusieurs immeubles d'habitation à Moscou, Volgodonsk et Bouïnaksk, au sud de la Russie, qui firent trois cents morts et mille sept cents blessés ; une autre explosion fut évitée dans un immeuble de Riazan, qui fut présentée comme un « exercice du FSB ». On désigna pour coupables les terroristes tchétchènes ;

à en croire certains toutefois ces attentats avaient pour origine le FSB et Poutine lui-même, désireux d'améliorer sa cote de popularité avant l'élection présidentielle de 2000, de renforcer le rôle du FSB et de justifier une nouvelle guerre en Tchétchénie. L'un des hommes qui accusèrent ainsi Poutine était un ancien lieutenant-colonel du FSB, Alexandre Litvinenko, lequel, selon une enquête des services spéciaux britanniques, fut empoisonné au polonium par des agents russes à Londres en novembre 2006.

Quel que fût le responsable de ces explosions, la deuxième guerre de Tchétchénie eut pour effet d'accroître considérablement la popularité de Poutine, tandis que sa promesse de « buter les terroristes jusque dans les chiottes » devenait un mème et la devise de son premier mandat présidentiel – un mandat fondé sur la lutte contre le terrorisme et coïncidant avec les attentats du 11-Septembre puis la guerre menée par les États-Unis en Irak. La coopération avec les États-Unis prit cependant fin en septembre 2004, quand les terroristes tchétchènes envahirent une école à Beslan, en Ossétie du Nord : trois cents enfants moururent lors d'une tentative ratée de libération des otages, mais Poutine, de manière inattendue, rendit responsables de l'attentat non pas les extrémistes islamistes, mais les pays occidentaux qui d'après lui étaient derrière eux. Depuis lors, le point de confrontation dans la guerre poutinienne permanente s'est déplacé vers l'Occident, accusé par Poutine d'avoir provoqué l'effondrement de l'URSS, qu'il qualifie de « plus grande catastrophe géopolitique du XXe siècle », et d'avoir tenté ensuite d'affaiblir et de démembrer la Russie.

En 2007, cette idéologie prit la forme d'une sorte de « doctrine Poutine » qui, exposée lors de la conférence sur la sécurité de Munich, ne manqua pas de choquer l'auditoire :

elle incluait des invectives à l'adresse des États-Unis, contre l'élargissement de l'OTAN et le « monde unipolaire », ainsi qu'une déclaration sur les intérêts vitaux de la Russie. En fait, il s'agissait de la déclaration d'une nouvelle guerre froide. Un an plus tard, en août 2008, la Russie entrait en Géorgie, envahissait une partie de son territoire, l'Ossétie du Sud, et reconnaissait l'indépendance de ce quasi-État. Vers la même époque, d'après le témoignage d'initiés, les esprits des résidents du Kremlin furent frappés par le livre de Mikhaïl Iouriev, homme d'affaires et politicien russe, *Le Troisième Empire. La Russie comme elle devrait être*, ouvrage de politique-fiction relevant de l'uchronie : vers le milieu du XXIe siècle, à la suite de plusieurs guerres mondiales, une Russie autoritaire vainc les États-Unis et occupe toute l'Europe, la Turquie et le Proche-Orient. Cette utopie patriotique fut comprise sinon comme un manuel d'action, du moins comme la prédiction d'une guerre inévitable contre l'Occident dans les années 2020 : l'occupation de l'Ossétie du Sud et de l'Abkhazie, puis de la Crimée et de l'est de l'Ukraine n'a fait que confirmer, aux yeux du Kremlin, la justesse du scénario exposé.

Dans la perspective de la guerre à venir, la Russie a lancé un impressionnant programme de réarmement pour les années 2011-2020, d'un coût de 700 milliards de dollars, et entamé une réforme de l'armée sous la direction du ministre de la Défense, Anatoli Serdioukov (un civil), visant à développer une armée professionnelle qui soit plus mobile. En 2013 fut élaborée la « doctrine Guerassimov », du nom du chef de l'état-major des forces armées : elle défendait le concept de « guerre hybride », laquelle, à côté des outils militaires classiques, mettait l'accent sur des actions non militaires : pressions politiques et diplomatiques, guerre de l'information, activités subversives, remplacement des dirigeants des pays adverses, etc.

Mais le principal changement survenu en Russie au cours des quinze dernières années, c'est que la guerre est devenue le langage du quotidien, l'idée même de la guerre est devenue banale, habituelle, tout comme les rituels militaristes dans la propagande de l'État et dans la vie de tous les jours. D'un côté, on n'a eu de cesse d'instaurer le culte de la Seconde Guerre mondiale et la religion de la Victoire, devenue l'idéologie non officielle de l'État. De l'autre, le militarisme a pénétré toutes les sphères de la vie, les fêtes populaires et les festivals de rock, les lycées, les collèges et les écoles maternelles : partout, on a vu des expositions de véhicules blindés et d'armes à feu, on s'est mis à vêtir les enfants de vareuses de soldats, à leur apprendre à monter et à démonter des mitraillettes, à asseoir les petits dans des landaus en forme de chars d'assaut. En 2008, la Russie est revenue aux défilés de véhicules militaires, abandonnés depuis l'époque soviétique, et chaque année, on fait circuler, dans les rues des villes, des engins de plus en plus lourds qui détruisent l'asphalte et ruinent les infrastructures urbaines, jusqu'à des missiles balistiques nucléaires Topol-M. À la télévision, on a entendu les présentateurs discourir avec gourmandise sur des frappes nucléaires contre Londres et Washington, menaçant de les réduire en « cendres radioactives », tandis que Poutine, lors de son discours annuel devant le Parlement, faisait projeter des animations montrant des missiles hypersoniques russes capables de faire le tour du globe : du point de vue de la propagande guerrière, la Russie s'est transformée en une sorte de Corée du Nord.

La guerre a captivé l'imaginaire de la population, elle est devenue attirante et même désirable. Les deux générations soviétiques d'après-guerre avaient eu pour mantra : « Tout sauf la guerre. » L'État soviétique dirigé par des hommes qui avaient connu la Seconde Guerre mondiale prônait la lutte pour la paix, du moins en paroles. Mais au XXIe siècle tout a changé, les Russes ont été séduits par le slogan revanchard et la promesse de Poutine de « relever la Russie mise à genoux », et sur les vitres arrière de millions de voitures est apparu un autocollant frivole où le blason soviétique, marteau et faucille, violente la svastika nazie, avec en guise de légende : « 1941-1945. On peut le refaire. »

4.

Mon livre précédent, *Les Quatre Guerres de Poutine*, traitait déjà de la guerre. Plus précisément, des quatre « guerres » intérieures que le régime, de plus en plus autoritaire, avait menées au cours du troisième mandat présidentiel de Poutine, entre 2012 et 2018, quand celui-ci était revenu au pouvoir après le bref et timide « dégel », en réalité fictif, amorcé par Dmitri Medvedev lors de son court passage à la présidence (2008-2012). Ce dégel s'acheva par une « révolution de la dignité » avortée durant l'hiver 2011-2012, manifestations de protestation dans les rues de Moscou et de quelques autres mégapoles, auxquelles les autorités répondirent en enclenchant une mécanique de répression et de terreur politique toujours en vigueur aujourd'hui.

La première des quatre était une « guerre pour le contrôle de l'espace ». La Russie, à la manière des puissances classiques des siècles précédents, est devenue obsédée par l'idée de conquête territoriale, depuis des prétentions mégalomanes sur l'Arctique (la Russie revendique près de 1,2 million de kilomètres carrés de territoire maritime dans l'océan Glacial arctique, ainsi que le plateau continental allant jusqu'au Canada) jusqu'à l'annexion de la Crimée et l'occupation des régions d'Ukraine orientale en 2014, en passant par une guerre postcoloniale en Syrie et l'envahissement des places et des boulevards moscovites par des unités de police pour en chasser les manifestants.

La deuxième était une « guerre pour les symboles » – pour les signes du pouvoir, de la force et de la « souveraineté » tant désirée, et fétichisée sous le gouvernement de Poutine. Les missiles stratégiques sont devenus des symboles d'une importance particulière, qui ont envahi tee-shirts et panneaux publicitaires ; à la télévision, on montrait des compétitions de ce sport très spécifiquement russe qu'est le « biathlon de chars de combat » tandis qu'en plein cœur de Moscou fut érigé un monument à Kalachnikov, l'inventeur du fusil d'assaut, comme si c'était l'apport essentiel de la Russie à la civilisation mondiale.

La troisième était une « guerre pour le corps » – irruption de l'État dans la sphère privée des citoyens, dans leur corporalité, leur sexualité, leurs habitudes alimentaires, dans le domaine de la politique familiale et démographique, dans tout ce que Michel Foucault désigne sous le terme de « biopolitique[10] ». Le pouvoir a entériné des lois d'esprit fasciste contre les personnes LGBT (tous les régimes autoritaires haïssent l'homosexualité), interdit l'adoption d'orphelins russes par des étrangers (« loi Dima Iakovlev », surnommée « loi cannibale » par les Russes), introduit des sanctions contre l'importation de produits alimentaires occidentaux, les marchandises interdites étant vouées à être détruites, écrasées par des bulldozers ou brûlées dans des incinérateurs mobiles.

Et, enfin, la quatrième guerre, une « guerre pour la mémoire ». Le gouvernement a mis en place une politique mémorielle active, en publiant de nouveaux manuels d'histoire, en créant un mythe unique de la grande Russie et en luttant contre ceux qui entretenaient la mémoire de la terreur stalinienne (par exemple, l'historien de la Carélie Iouri Dmitriev), en instaurant une religion d'État de la « victoire dans la Grande Guerre patriotique », avec ses temples, ses processions religieuses et son culte des morts. On a vu se former en Russie une société militarisée prête à affronter le monde extérieur, la tête emplie de mythes sur la Seconde Guerre mondiale, mais une guerre réelle semblait malgré tout lointaine et inimaginable.

Était-il possible, il y a un peu plus de trois ans, lors de la publication des *Quatre Guerres de Poutine*, de prévoir la guerre contre l'Ukraine ? Sans doute, oui, il s'en trouvait partout des signes et des avertissements, mais je dois avouer n'avoir pas pris conscience de la profondeur de la transformation de la Russie ni de l'ampleur de la menace qui pesait sur le monde contemporain – de même que, jusqu'à la dernière minute, jusqu'à ce matin du 24 février 2022, je croyais impossible que la Russie déclenche une guerre à grande échelle contre l'Ukraine. Mais ce funeste matin là, quand est arrivée la nouvelle du bombardement de Kiev et du début de l'invasion russe, j'ai vu les quatre guerres décrites dans mon livre se fondre en une seule, bien réelle, que ma génération n'avait encore jamais vue qu'au cinéma : bombardements de villes paisibles, colonnes de chars au milieu des champs ukrainiens, gares remplies de réfugiés chargés de ballots et d'enfants en pleurs, cadavres calcinés, sang, souffrance, tortures, exécutions de masse. Comme si toute la sanglante histoire du XXe siècle que nous croyions avoir abolie et enterrée venait de resurgir et de s'abattre sur nous en ces mois horribles. La guerre, figure rhétorique et paradigme analytique, était devenue réalité quotidienne, noir tourbillon toujours plus violent et profond, apocalypse dans laquelle nous vivons aujourd'hui et dont nous ne voyons toujours pas la fin.

5.

Le présent ouvrage s'efforce d'étudier la généalogie de la guerre actuelle de la Russie contre l'Ukraine, de comprendre son caractère objectif, son rapport à la logique de l'histoire russe, aux pratiques de la société russe, aux mécanismes de la politique russe. Ici, la première composante, c'est l'ensemble des pratiques de la violence qui imprègnent toute la société russe, depuis la famille et l'école jusqu'aux institutions publiques : la première partie, « Anatomie de la violence », leur est consacrée. La société russe, en ce sens, est archaïque, fondée sur les hiérarchies traditionnelles du pouvoir, de la force et de la domination ; sur les couples parents-enfants, maître-élève, supérieur-subalterne, mari-épouse. Malgré la modernisation soviétique du XXe siècle et l'émancipation postsoviétique dans de nombreuses sphères de la vie, en particulier dans les grandes villes, les pratiques de la violence et de la domination restent largement répandues.

La circulation automobile dans les rues et sur les autoroutes russes est un exemple typique de violence horizontale présente dans la société. Il ne s'agit pas seulement de se déplacer dans un espace où tout le monde est égal devant la loi et le code de la route, ni d'œuvrer ensemble à optimiser le trafic et minimiser les risques ; il s'agit de constamment faire valoir son statut, de reproduire un système complexe de hiérarchies, en fonction de la marque et du prix du véhicule, de la puissance du moteur, du modèle des plaques d'immatriculation, de la présence d'avertisseurs spéciaux, de lutter sans relâche pour s'assurer le respect de l'autre et lui prouver l'importance de sa propre position, lutte au cours de laquelle les participants augmentent les enjeux et maximisent les risques – de là le nombre vertigineux d'accidents mineurs sur les routes de Russie.

Une mince couche de violence s'étale sur la vie des Russes, elle est normalisée et légitimée : ce n'est pas un hasard si Vladimir Poutine, dans ses messages populistes, recourt systématiquement à la figure de la violence, lui accordant l'approbation suprême de l'État et recevant en retour le soutien de la majorité de la population. Ayant entamé sa carrière de président en appelant à « buter les terroristes jusque dans les chiottes » il répète comme un mantra que « ce sont les faibles qui se font battre » et invite à « frapper le premier ». La violence est le mode fondamental d'action des institutions du pouvoir et du maintien de l'ordre : police, armée, prisons, FSB. Parmi les révélations les plus fréquentes de la dernière décennie en Russie poutinienne, en dehors des nombreuses vidéos d'Alexeï Navalny sur la corruption aux plus hauts échelons du pouvoir, figurent des témoignages sur les tortures pratiquées dans les prisons, les colonies pénitentiaires et les commissariats de police : tous les deux ou trois mois, le public découvrait des vidéos choquantes dévoilant les supplices infligés à des détenus par des policiers, des enquêteurs, des membres du personnel pénitentiaire. Chaque fois que des citoyens réclamaient une enquête et un châtiment pour les coupables, l'État gardait le silence, se bornant à écarter officiellement les fautifs de leurs fonctions ou à les muter dans un autre service – et l'usine à tortures poursuivait son travail incessant.

De la même façon, la brutalité grandissante de la police pour disperser les manifestations de l'opposition ces dix dernières années – crânes fracturés, jambes brisées, passage à tabac des manifestants quels que soient leur âge et leur sexe, des adolescents de 15 ans aux grands-mères octogénaires – n'était d'aucune manière limitée par la loi et ne recevait que soutien et approbation de la part des autorités : l'appel de Dmitri Peskov, porte-parole de Poutine, à « étaler le foie des manifestants sur l'asphalte » est resté célèbre, quant à Viktor Zolotov, chef de la Garde nationale russe, il a un jour menacé de démolir l'opposant russe Navalny et de le réduire à un « steak saignant ».

Au cours des dix années séparant l'« affaire Bolotnaïa » en 2012 et l'intervention en Ukraine en 2022, l'État russe a entrepris de travailler activement le corps de la nation, dans tous les sens du terme. Il ne s'agit pas seulement d'élargir le spectre des tortures et de la violence policière, mais aussi pour l'État de prétendre à un droit sur le corps physique du citoyen. Comme on l'a vu, l'un des éléments du tournant autoritaire pris par la Russie a été une biopolitique du pouvoir, selon le concept forgé par Michel Foucault : l'État s'est mis à réguler et à réglementer la corporalité, à mener une politique démographique, hygiéniste et sanitaire active, à s'immiscer dans les questions de sexualité, d'éducation des enfants, de régime alimentaire, d'hygiène. Pour l'État, la population est devenue une ressource stratégique supplémentaire (un « second pétrole », pour reprendre un trait d'humour russe) – non pas vue comme un capital humain, mais plutôt comme l'attribut d'une grande puissance et une réserve pour les forces armées. Ce n'est pas un hasard si Vladimir Poutine a maintes fois évoqué son rêve d'avoir en Russie une population de 500 millions d'âmes – elle en compte actuellement environ 140 millions.

La pandémie de Covid-19 fut un épisode important dans la « politique du corps » menée par la Russie, qui a largement préparé la guerre en Ukraine. Les autorités russes ont en réalité échoué dans leur lutte contre la pandémie : malgré l'existence d'un système éprouvé de lutte contre les épidémies hérité de l'époque soviétique et bien qu'elle ait été l'un des premiers pays à mettre au point un vaccin efficace, le Spoutnik-V, la Russie n'a pas su garantir un rythme soutenu de vaccination et de soins médicaux en dehors de Moscou. En conséquence, elle a enregistré l'un des taux de surmortalité les plus élevés au monde, avec plus d'un million de décès durant la période 2020-2021, contre environ six cent mille les années précédentes. À la différence des pays développés, le gouvernement russe et les autorités régionales n'ont pas apporté le moindre soutien matériel à la population, ce qui a entraîné l'échec des quarantaines et des confinements en même temps que l'effondrement du secteur privé de l'économie. L'indifférence de l'État pour la santé de sa population s'est ajoutée à celle des citoyens eux-mêmes pour leur santé et leur sécurité : le niveau de déni du Covid et de refus de la vaccination en Russie a été également l'un des plus élevés du monde. Le Covid a enseigné aux autorités russes une leçon importante : dans des conditions de méfiance totale, d'atomisation sociale et de défaillance des institutions, on peut faire fi des vies humaines pour conserver une illusion de « normalité » et de « stabilité sociale » puisque la population est résignée, inerte, fataliste et prête à n'importe quels sacrifices.

Dans le même temps, la pandémie a placé le pays dans un « état d'exception » permanent, de « guerre contre le virus », et l'a habitué au décompte quotidien des victimes. Sous prétexte de mesures sanitaires, on a totalement interdit toute manifestation de rue, y compris les actions individuelles, on a mis en œuvre de nouvelles techniques de falsification des élections (vote anticipé, à domicile ou dans des bureaux de vote improvisés en pleine campagne). Plusieurs mois durant, le président Poutine, retiré dans un bunker, s'est tenu isolé du pays et de son proche entourage : tous ceux qui l'approchaient devaient avoir passé auparavant deux semaines en quarantaine. Il est possible que cette longue réclusion l'ait encore plus déconnecté de la réalité et poussé à partir en guerre.

Le « tournant corporel » de la politique russe, étudié dans la première partie de ce livre, a dans une large mesure préparé la guerre en Ukraine. La politique a envahi le domaine de la physiologie et de la biologie, elle s'est placée à la frontière de la « vie nue », pour reprendre l'expression de Giorgio Agamben – que ce soit à travers les tortures exercées dans les prisons, le dispersement brutal des manifestations ou les hôpitaux au temps du Covid ; on peut ici évoquer la tentative d'empoisonnement d'Alexeï Navalny en 2020 et sa lutte pour survivre. La violence, la mort et l'état de semi-guerre sont devenus la norme dans la vie des Russes, sinon une pratique quotidienne. C'est dans ces conditions qu'en février 2022 la Russie a déclenché une guerre dont le niveau de cruauté, le nombre de victimes civiles et de réfugiés, les actes de génocide perpétrés contre la nation ukrainienne (viols massifs, filtration des Ukrainiens dans les camps russes, « évacuation » et adoption forcée des enfants ukrainiens) en font un phénomène sans précédent depuis la Seconde Guerre mondiale. Mais, en réalité, cette cruauté n'est que la projection et l'élargissement de cette politique du corps depuis longtemps mise en œuvre en Russie même.

6.

La deuxième composante de cette guerre, c'est la mémoire, la nostalgie et la politique historique menée activement par le pouvoir russe. La deuxième partie de ce livre, « Une croisade pour la mémoire », est consacrée à ces sujets. La politique de la mémoire présente plusieurs aspects, de la création d'espaces consacrés à la nostalgie de l'empire, comme le parc Zariadié non loin du Kremlin, au démantèlement de projets mémoriels alternatifs soulevant des questions embarrassantes sur le passé, par exemple, ceux de Mémorial. Mais l'élément essentiel, c'est bien sûr le mythe sur la Grande Victoire de 1945, devenu de fait une idéologie d'État.

Ces dix dernières années, la politique de la mémoire s'est muée en mécanisme de construction d'un régime autoritaire en Russie et en instrument de sa politique extérieure ; Poutine lui-même s'est transformé en historien amateur, écrivant régulièrement de longs articles pleins d'emphase sur la Seconde Guerre mondiale. La propagande d'État a habilement utilisé la nostalgie soviétique et le ressentiment post-impérial pour élaborer un récit monolithique de l'histoire de la Russie qui s'appuie sur ses victoires militaires et justifie ses crimes passés, comme le pacte Molotov-Ribbentrop en 1939, le massacre des officiers et des intellectuels polonais à Katyń en 1940, l'intervention en Hongrie en 1956 et en Tchécoslovaquie en 1968 ou la guerre coloniale de l'URSS en Afghanistan en 1979-1989 – tous ces épisodes sont actuellement en voie de réhabilitation et présentés comme relevant de la défense des intérêts de la patrie. La mémoire historique en Russie a été accaparée par l'État pour légitimer le régime en place ; dans la nouvelle rédaction de la Constitution de la Fédération de Russie de 2020, un nouvel article a été introduit – l'article 67.1 – selon lequel « la Fédération de Russie assure la préservation de la vérité historique », quelle que soit l'interprétation de cette vérité.

Le poutinisme est en fait une sorte de rétro-politique : ayant échoué dans ses projets initiaux de modernisation de la Russie et de rapprochement de l'Occident dans les années 2000-2003, Poutine s'est tourné vers le passé comme principale source de légitimation, comme force capable de mobiliser et de consolider la population. Zygmunt Bauman qualifie cette politique de « rétrotopie[11] », Svetlana Boym parle d'« épidémies de nostalgie » qui construisent un passé imaginaire à valeur de mythe politique[12]. Cela coïncide en gros avec la « mode de la mémoire » observée dans le monde, à l'« époque mémorielle » évoquée déjà par Pierre Nora : confrontées à un monde de risque, d'incertitude et d'effondrement des institutions traditionnelles, les nations se tournent vers le passé comme unique base fiable sur laquelle asseoir leur identité.

Dans le cas de la Russie, le passé s'est concentré sur la Seconde Guerre mondiale et la victoire de 1945, laquelle est devenue pour la nation à la fois mythe fondateur et nouvelle religion. Celle-ci réserve une place au culte des ancêtres : les citoyens organisent régulièrement des processions sous le nom de « Régiment immortel », lors desquelles ils portent, comme des icônes, des portraits de héros de la Seconde Guerre mondiale. Ils s'adressent à eux dans les moments difficiles, ils étudient leurs biographies. Dans le parc militaire « Patriote », non loin de Moscou, a été érigé un véritable temple consacré à la Victoire – le bâtiment est couronné d'une coupole de 19,45 mètres de diamètre en référence à l'année 1945 et les marches de son parvis ont été coulées à partir d'armes allemandes conservées comme trophées. Les jours de fête, on dresse dans le parc une copie du Reichstag en contreplaqué, que des reconstituteurs en uniforme d'époque prennent d'assaut. Le culte de la Victoire est devenu un mouvement populaire performatif sous le nom de *pobedobessié*, qu'on pourrait traduire par « victoiremania » : les parents habillent leurs enfants de vareuses militaires, transforment leurs landaus et leurs vélos en chars factices, leur apprennent à chanter des chants militaires et à jouer aux soldats de l'Armée rouge.

En ce sens, la guerre de la Russie en Ukraine n'est rien d'autre qu'une gigantesque reconstitution historique : fait caractéristique, durant sa première phase, la prise du Donbass en 2014-2015, le chef des séparatistes n'était autre qu'un célèbre reconstituteur, Igor Guirkine (*alias* Strelkov), qui alla jusqu'à recourir à des décrets staliniens de 1941 pour procéder à des exécutions. En 2022, la reconstitution historique est allée encore plus loin : la Russie a organisé un cosplay de la Grande Guerre patriotique en déclarant que le but premier de son « opération spéciale » était une absurde « dénazification de l'Ukraine », où la Russie jouait le rôle de l'Union soviétique tandis qu'à l'Ukraine était dévolu celui de l'Allemagne nazie. La « guerre de la mémoire » symbolique s'est transformée en une véritable guerre ouverte. Et ce n'est pas un hasard si, durant les premières semaines de la guerre, la délégation russe aux pourparlers de paix était dirigée par l'ex-ministre de la culture Vladimir Medinski, connu pour ses ouvrages apologétiques sur la mémoire historique et les « mythes concernant la Russie ». Sans la politique historique, sans la nostalgie de l'empire et le mythe de la Victoire cette guerre n'aurait pas eu lieu.

7.

Enfin, la troisième composante de cette guerre, c'est sa normalisation par la société et l'élite russes, son acceptation en tant qu'état naturel, qui constitue le sujet de la troisième partie de ce livre, « La guerre comme idée nationale ». Pour beaucoup, ce fut la principale révélation de l'année 2022 : non pas l'offensive menée contre l'Ukraine le 24 février qui, maintes fois prédite, était en préparation depuis plusieurs années, mais la réaction de la société qui a accepté cette guerre comme une évidence. En mars-avril 2022, on pensait que l'échec de l'offensive initiale et les premières défaites russes, la vague de sanctions occidentales et la chute du rouble, les horreurs de la guerre enfin et les premiers milliers de morts ouvriraient les yeux aux Russes, provoqueraient le mécontentement des élites et, sinon des troubles, au moins une certaine instabilité sociale et politique. Ce ne fut pourtant pas le cas. Lors des longues fêtes de mai 2022, les citoyens russes, comme à l'ordinaire, se sont rendus dans leurs datchas pour des « chachlyk-parties », ont célébré bruyamment le 9-Mai, jour de la Victoire contre le Troisième Reich, et, de retour chez eux, ont continué à vivre comme si de rien n'était. Le rouble s'est consolidé, le Trésor a commencé à tirer des surprofits de l'exportation d'hydrocarbures brusquement renchéris (simple question d'arithmétique : chaque jour la Russie dépensait pour la guerre un demi-milliard de dollars et en gagnait un milliard grâce à ses exportations), les sanctions n'ont plus semblé si effroyables, et la majorité de la population a repris sa vie d'avant, chacun travaillant, éduquant ses enfants et se réjouissant de l'existence comme s'il ignorait que son pays était en train de détruire des villes ukrainiennes, de tuer, torturer et violer des milliers de victimes, et d'en pousser des millions à l'exode. La journaliste Macha Gessen a trouvé une image très juste pour décrire le phénomène : celle de passagers voyageant confortablement dans un avion qui bombarde les villes qu'il survole[13].

Cela témoigne de l'état fondamentalement nouveau de la société postsoviétique, auquel deux décennies de règne poutinien ont permis d'aboutir, à force de propagande antioccidentale, de militarisme, de répression et de mise à mal des institutions. En même temps, on ne peut encore la qualifier de totalitaire : elle manque de mobilisation idéologique. On peut plutôt parler de trois niveaux : démobilisation de la société, mobilisation des élites et légitimation du pouvoir. D'un côté, la société, plongée dans un état de biostase, consomme volontiers les clichés de propagande selon lesquels la Russie ne mène pas une guerre, mais une « opération spéciale », et que l'Ukraine est aux mains de « nazis » qui tuent leurs propres concitoyens. Cette image on ne peut plus absurde offre un confort psychologique, une version cohérente des événements et la possibilité de poursuivre son existence quotidienne. Aller au-delà de ce mythe signifierait laisser s'effondrer une vision du monde, et les Russes redoutent même d'y penser. Le conformisme russe a été nourri par des siècles de coexistence avec un État méchant et jaloux à l'instar d'une divinité, et il s'est particulièrement renforcé à l'époque de Poutine, dès lors que les autorités ont trouvé des moyens efficaces d'encourager un comportement loyal et de réprimer la dissidence. La protestation dans la société est diffuse et inarticulée, et là où elle se concentre (meetings et actions de masse de plus en plus rares, campagnes électorales locales, réseaux sociaux et médias d'opposition), les autorités recourent à une répression ciblée et intense, de sorte que l'on a même peur aujourd'hui en Russie de prononcer le mot « guerre ».

D'autre part, ceux qui participent à la distribution des prébendes (dès 2020, les deux tiers de l'économie étaient déjà nationalisés) vivent selon les règles de la mobilisation : les directeurs des écoles et des établissements publics, les recteurs des universités, les médecins-chefs des hôpitaux, les directeurs de théâtre envoient leurs employés aux meetings de soutien, collectent de l'argent pour le front, placardent sur les murs des affiches de propagande : les fonctionnaires, comme les militaires, exécutent la volonté des autorités. Aux étages supérieurs, les élites participent elles aussi activement aux nouvelles tâches : substitution des importations, atténuement de l'effet des sanctions et gestion de l'économie de guerre, et enfin, tout en haut, dans le cercle des mille individus les plus riches de Russie, il est question déjà de loyauté personnelle et de peur d'être châtié pour ses doutes et ses critiques ; toute tentative pour « quitter le navire » est perçue comme une trahison ; un exemple en est l'empoisonnement probable d'Anatoli Tchoubaïs, ancien vice-Premier ministre sous le président Eltsine et ancien directeur de plusieurs entreprises d'État sous Poutine, qui a quitté la Russie pour être hospitalisé d'urgence en Italie à la suite d'une affection neurologique rare.

Enfin, les autorités, contrairement aux prévisions alarmistes du tout début de la guerre, ne font que renforcer pour l'instant leur légitimité et reçoivent mandat des élites et de la majorité de la population pour poursuivre les hostilités : malgré les évidentes distorsions qui affectent les sondages d'opinion en temps de guerre, on peut affirmer que la majorité des Russes approuve sans détour cette guerre, l'accepte comme inévitable, ou encore, le plus souvent, l'ignore complètement, l'évacue de son champ de perception. Un consensus militaire inédit s'est établi en Russie : les voix des dissidents désormais étouffées, la guerre en Ukraine devient une plate-forme de consolidation pour la population et les autorités. Ainsi que Mikhaïl Piotrovski, directeur du musée de l'Ermitage, l'a résumé lors d'une retentissante interview en juin 2022 : « D'un côté, la guerre, c'est le sang et le meurtre, mais de l'autre, c'est l'autoaffirmation du peuple, l'autoaffirmation de la nation. » Et en ce sens, la guerre en Ukraine donne une nouvelle définition de l'idée nationale russe : le pays l'a cherchée durant trente ans, errant dans le désert de la transition postsoviétique, et l'a enfin découverte sous cette forme pervertie. Dans cette guerre, la Russie poutinienne acquiert sa forme achevée. L'« état d'exception » que Poutine a bâti tout au long de son règne trouve son ultime expression dans l'« opération militaire spéciale ». À dire vrai, tout le règne de Poutine – des explosions d'immeubles en 1999 aux jeux Olympiques de Sotchi, suivis de l'annexion de la Crimée et de la réforme de la Constitution en 2020 – n'a jamais été qu'une seule « opération spéciale » ininterrompue, et aujourd'hui elle déborde les frontières de la Russie.

8.

Et c'est là que réside le principal danger : la Russie est devenue la principale exportatrice de guerres dans le monde. C'était, visiblement, l'objectif stratégique de Poutine. Si feu Mikhaïl Gorbatchev avait réussi à neutraliser la menace soviétique et à percevoir les « dividendes de la paix », Poutine, lui, a ravivé la « menace russe » et espère toucher les dividendes de la guerre. Selon lui, la Russie, jouant à partir d'une position de faiblesse, doit continuellement augmenter les risques pour les pays qui l'environnent. Il en parlait ouvertement à la veille de l'invasion, à la fin de l'année 2021, affirmant qu'une « certaine tension » était née en Occident en raison des actions de la Russie, et que le but de la politique russe était que les Occidentaux « restent dans cet état le plus longtemps possible[14] ». Et Vladislav Sourkov, ancien idéologue en chef du Kremlin, de développer la pensée de son patron dans un article intitulé « Où est passé le chaos ? Déballer la stabilité », où il soutenait que la Russie devait devenir « exportatrice de chaos » dans le monde extérieur : l'entropie accumulée dans le pays doit être « exportée pour être utilisée en un territoire étranger[15] ».

Ces déclarations sont la preuve d'une faiblesse stratégique : incapable d'assurer la paix et la stabilité, la Russie du XXIe siècle s'est spécialisée dans la création de risques, moyen pour elle de promouvoir ses intérêts, de revaloriser son statut sur la scène internationale et d'intimider ses supposés rivaux. Dans les années 2020, elle a définitivement perdu sa puissance économique, diplomatique et – comme l'ont montré les premiers mois de la guerre en Ukraine – militaire, de même que l'attractivité de son modèle social, son potentiel scientifique et d'innovation, ses progrès dans le domaine spatial et même, après le scandale du dopage lors des jeux Olympiques de Sotchi, sa puissance sportive. De tous les éléments du *soft power* russe ne subsistent que la peur et la capacité à provoquer des tensions. Au fil des vingt dernières années, cela s'est traduit par une prolongation des conflits et la création aux frontières méridionales et occidentales de la Russie d'un cordon sanitaire constitué de territoires instables : de l'Abkhazie et l'Ossétie du Sud (et à présent le Haut-Karabagh depuis la reprise du conflit entre l'Arménie et l'Azerbaïdjan) en passant par la Crimée, le Donbass et la Transnistrie jusqu'en Biélorussie où un régime terroriste fait du chantage à l'Europe en agitant tantôt des flux de migrants, tantôt l'arrêt du transit du gaz, du pétrole et du transport routier.

Mais en février 2022, cette stratégie a débouché sur un affrontement armé. Qui plus est, dès les premières semaines, cette guerre s'est transformée d'un conflit régional en conflit paneuropéen, avec les menaces de la Russie contre la Moldavie et les pays baltes, puis la demande d'adhésion de la Finlande et de la Suède à l'OTAN, avant de prendre une dimension mondiale, compte tenu des sanctions occidentales prononcées contre la Russie, des livraisons d'armes américaines à l'Ukraine et de l'impact de la guerre sur les marchés mondiaux de l'énergie et des denrées alimentaires. La mondialisation de la Russie a bien eu lieu, mais à un seul titre : celui de problème mondial et de puissance belliciste.

9.

Le culte du corps, le culte des morts et le culte de la guerre sont les trois composantes classiques du fascisme. On peut y ajouter le culte de l'État, la déification du dirigeant, l'idéologie de la revanche et de la grande puissance, ainsi qu'une violente rhétorique antilibérale et antioccidentale. Comme Timothy Snyder l'a noté dans son célèbre article « Nous devrions le dire, la Russie est fasciste » : « Les gens sont en désaccord, souvent avec véhémence, sur ce qui constitue le fascisme. Mais la Russie d'aujourd'hui répond à la plupart des critères que les chercheurs ont tendance à appliquer[16]. »

Et en effet, dès le début de la guerre, qu'elle a déclaré être une croisade pour la « dénazification de l'Ukraine », la Russie a elle-même manifesté tous les signes du fascisme, de la demi-svastika bricolée, cette lettre Z qui marque le matériel militaire russe utilisé dans l'invasion devenue le symbole du nouveau régime, ornant tee-shirts, affiches et façades de bâtiment, à l'idée de « *skrepy* », d'« agrafes » qui retiennent les valeurs traditionnelles, auxquelles correspond exactement le mot italien *il fascio*, le faisceau des licteurs romains, composé de verges assemblées et liées avec des courroies autour d'une hache, d'où vient le terme « fascisme ». Le spectacle des colonnes de véhicules blindés russes traversant les champs d'Ukraine, brûlant les villes et tuant les civils rappelle douloureusement les images des actualités militaires de 1941-1943, lorsque les chars de la Wehrmacht écrasaient l'Ukraine, alors soviétique, de la même manière.

En outre, les signes du génocide de la nation ukrainienne entrepris par la Russie au cours de cette guerre – meurtre selon des critères ethniques, viol massif, fouille à nu des personnes dans les camps de filtration et inspection des corps à la recherche de tatouages, déportation de familles entières pour les faire travailler en Russie et enlèvement d'enfants pour adoption par des familles russes – évoquent de plus en plus le traitement réservé aux Juifs et aux races dites inférieures sous le Troisième Reich, ce qui a permis au politologue londonien Vladimir Pastoukhov de suggérer que le fascisme russe avait évolué du modèle italien d'État corporatif à la version allemande de l'État totalitaire, le nazisme[17]. Ceci est confirmé par plusieurs articles parus dans les médias d'État russes, par exemple, le manifeste nazi du stratège politique Timofeï Sergueïtsev, publié sur le site de l'agence de presse Novosti en avril 2022, dans lequel l'auteur appelait à exterminer totalement la culture et l'identité ukrainiennes, à « désukrainiser » l'Ukraine[18].

Cela dit, un élément clé du fascisme fait néanmoins défaut à sa version russe : la capacité de la société à se mobiliser. Oui, les directeurs d'école alignent leurs élèves de manière que leurs rangs forment un Z lors des grands meetings, les chauffeurs de bus, sur ordre de leurs chefs, collent le même Z sur les flancs de leur véhicule, et les députés de la Douma, les propagandistes de la télévision et l'ancien président Dmitri Medvedev donnent chaque jour des exemples classiques de rhétorique fasciste : on se souvient du chef du Parti libéral-démocrate Leonid Sloutski qui, aux funérailles de la propagandiste Daria Douguina, en août 2022, scanda le slogan « un pays, un président, une victoire », qui rappela à beaucoup « *ein Reich, ein Volk, ein Führer* ». Mais en même temps, la mobilisation partielle, annoncée en Russie le 21 septembre 2022, se poursuit avec grande difficulté et reste impopulaire, les hommes sont raflés sur leur lieu de travail ou de résidence, près des écoles et des maternelles où ils viennent chercher leurs enfants. Des sociétés de mercenaires, comme la fameuse compagnie Wagner, prennent sous contrat des prisonniers (avec une promesse d'amnistie au terme de six mois de service), des sans-abri et des « éléments déclassés » ; dans les « républiques populaires » autoproclamées de Donetsk et de Lougansk, occupées par la Russie depuis 2014, les hommes en âge de servir sont arrêtés dans la rue et enrôlés de force dans la milice.

Le problème est que le fascisme classique du XXe siècle fut le produit d'une société industrielle de masse, alors que le poutinisme est celui d'une société postsoviétique, post-industrielle et « post-masse » fondée sur la démobilisation et l'atomisation ; la dépolitisation de la population et son incapacité à agir collectivement sont l'un des principaux acquis des vingt ans de règne de Poutine. Il s'agit d'une société organisée selon les lois du spectacle et de la « performance », dont le principal instinct n'est pas celui de l'ardeur ni de la passion, mais de la stabilité et du confort. Les symboles et les slogans fascistes pendent dans le vide, la majorité de la population est prête à soutenir la guerre sur le mode de l'acclamation et de la consommation symbolique, mais pas à mourir pour la grandeur de l'empire.

C'est pourquoi le fascisme dans sa version poutinienne nécessite dans le meilleur des cas un préfixe clarificateur. Le philosophe américain Michael Epstein a suggéré de le baptiser *schizofascisme*, un « fascisme dissimulé sous le masque de la lutte contre le fascisme », une vision brisée du monde, une sorte de caricature du fascisme – mais une caricature dangereuse et agressive[19]. On pourrait aussi l'appeler *cargo-fascisme*, par analogie avec le « culte du cargo » : les indigènes s'emparent de la forme extérieure d'un phénomène, de sa symbolique, et le fétichisent en le remplissant de leur propre contenu. Au cours de nombreux siècles d'interaction avec l'Occident et de modernisation de rattrapage, la Russie a fort bien réussi à imiter les institutions et les formes sociopolitiques occidentales ; dans le cas présent, la Russie cherche à reproduire l'esthétique du système totalitaire du XXe siècle en même temps que le rêve de l'*Ordnung* allemande, alliant efficacité et discipline. Paradoxalement, en dépit de toute la rhétorique de la « lutte contre le fascisme », il existe une sorte de nostalgie du fascisme en Russie, liée à une série télévisée soviétique culte des années 1970 : *Dix-sept moments de printemps*. Elle met en scène un officier de renseignements soviétique, le colonel Issaïev, qui travaille en Allemagne nazie sous le nom de Max Otto von Stirlitz, *Standartenführer* de la SS. Habilement tourné dans des décors de studio, ce feuilleton d'espionnage a en fait opéré un sabotage idéologique dans le tréfonds de la conscience soviétique en présentant les nazis comme des personnages humains, et le *SS-Standartenführer*, joué par Viatcheslav Tikhonov, est resté longtemps l'idole des femmes soviétiques. Depuis lors, l'image du mystérieux officier de renseignements s'est enracinée dans la conscience de masse, et quand, après la crise des années 1990 et le défaut de paiement de 1998, la Russie a ressenti le besoin d'avoir un nouveau leader-*silovik*, Vladimir Poutine s'est parfaitement inscrit dans l'image du laconique et résolu Stirlitz. Et ce n'est pas un hasard si en 2022, au plus fort de la guerre en Ukraine, un monument à Stirlitz, tout à la fois homme soviétique idéal et officier SS, a été érigé à Moscou devant le siège du Service des renseignements extérieurs (SVR).

Cette similitude entre totalitarismes soviétique et hitlérien (les mettre sur un pied d'égalité dans la Russie d'aujourd'hui est passible d'une peine de prison) nous permet de donner une autre définition du régime russe actuel : celle de rétro-fascisme, tout comme le poutinisme en général est une rétro-politique fondée sur des modèles du passé. En ressuscitant le stalinisme et les pratiques terroristes du NKVD, il ressuscite aussi le fascisme, comme la guerre actuelle l'a clairement montré. Et ceci soulève un problème fondamental de l'histoire mondiale : le fait que la Seconde Guerre mondiale ne s'est pas terminée, l'alliance des démocraties occidentales n'a vaincu qu'une hypostase du mal totalitaire qui cherchait à conquérir le monde, à savoir l'Allemagne et ses soutiens. Parmi les vainqueurs figurait une autre puissance totalitaire qui soixante-dix-sept ans plus tard a ressuscité sous une apparence fasciste aspirant de nouveau à façonner le monde selon ses propres règles. Et en ce sens, la guerre en Ukraine n'est que la continuation de la Seconde Guerre mondiale restée inachevée.

10.

Schizo-fascisme, cargo-fascisme, rétro-fascisme... peu importe comment nous nommerons le régime de Poutine, toute comparaison est bancale et c'est un jeu d'enfant que de traiter l'autre de « fasciste ». Nous devrions plutôt reconnaître le caractère inédit du phénomène : il est second et imitatif par rapport aux formes historiques du fascisme, mais par ailleurs indubitablement russe, et on ne saurait s'étonner si, dès le premier jour de la guerre, on lui a donné le surnom de « rachisme » : un mot-valise combinant « Russia » et « fascisme », dont il est une version locale où se fondent culte de l'État, ressentiment post-impérial, culte des morts, habitude séculaire de la violence et politique agressive de la mémoire. Ce régime et cette guerre sont le produit de l'effondrement de la modernité russe – État policier unitaire, économie de type colonial, société paternaliste, chauvinisme de grande puissance, militarisme –, la preuve de son archaïsme, de l'échec de sa modernisation trente années après la fin du communisme, de sa défaite absolue dans sa confrontation avec le XXIe siècle. C'est de la défaite historique du projet d'État russe que naissent l'envie, le ressentiment, l'idée de vengeance contre la civilisation moderne (qui remonte à « l'homme souterrain » de Dostoïevski) et celle de « voie particulière » de la culture russe – toute cette pathologie mentale complexe qui est au cœur du poutinisme, du « rachisme » et de la guerre en Ukraine.

Il ne faut pas se tromper : il ne s'agit pas d'une guerre de « succession impériale » ni d'un conflit régional aux confins de l'Europe de l'Est, comme les précédentes guerres de la Russie en Transnistrie, en Abkhazie et en Ossétie du Sud ; il s'agit d'une guerre mondiale déclenchée par la Russie dans l'espoir de reconfigurer l'ordre mondial libéral actuel, guerre qui lui vaut de nombreux partisans déclarés ou secrets, et la neutralité d'autres pays attentifs à l'issue de ce défi à l'humanité. La guerre en Ukraine n'est qu'un prélude, et peu importe si le régime de Poutine remporte la victoire (ou ce qu'il nommera comme telle) ou bien bat en retraite, il continuera à tenter de briser le monde moderne à coups de « guerre hybride » ou d'agression ouverte, de sabotage informationnel ou de chantage nucléaire – jusqu'à ce qu'il subisse une défaite militaire écrasante et soit démantelé jusque dans ses fondements. Nous ne sommes pas confrontés ici à une aberration temporelle, à la folie d'un dictateur obsédé par son jeu ou à la nostalgie d'une vieille génération de Russes, mais à un processus tectonique : celui de la lente décomposition d'un grand empire eurasien. La taupe de l'histoire russe a foui durant trente ans dans l'épaisseur de la transition postsoviétique puis elle est remontée à la surface sous la forme de cette guerre sanglante, archaïque et sans but : une guerre *made in Russia.*

I.

ANATOMIE DE LA VIOLENCE

LE POUVOIR À BRAS-LE-CORPS

Quand on se penche sur les sujets et les thèmes mis en avant par les médias russes ces dernières années, on tombe inévitablement sur des images de corps humains soumis à la violence, souvent dans ses moindres détails anatomiques. Sur une vidéo divulguée par *Novaïa Gazeta*, on voit le corps d'Evgueni Makarov, détenu de la colonie pénitentiaire de Iaroslavl, écartelé sur une table dans la « salle d'éducation », hurlant et implorant pitié tandis qu'il est méthodiquement battu par dix-huit hommes qui, au passage, commentent l'enflure de ses jambes*. Il y a aussi les photos du réalisateur ukrainien Oleg Sentsov en grève de la faim dans un hôpital pénitentiaire de la ville arctique de Labytnangui, ses bulletins de santé quotidiens, son taux d'hémoglobine et son pouls**. Ou encore les images des collégiens et lycéens mineurs de l'affaire de la « Nouvelle

* Vidéo retentissante révélant les tortures, diffusée sur Internet et rendue publique par le journal d'opposition *Novaïa Gazeta* en 2018.

** Le réalisateur Oleg Sentsov fut enlevé en 2014, en Crimée annexée par la Russie, inculpé de terrorisme et jeté en prison où il observa une grève de la faim pendant cent quarante-cinq jours. Il fut libéré en 2019 dans le cadre d'un échange de prisonniers entre la Russie et l'Ukraine.

Grandeur », parqués dans une cage lors de leur procès, et celles d'Anna Pavlikova, 17 ans, évoquant les tortures infligées pendant l'enquête et qui fut victime d'une salpingo-ovarite à force de rester assise sur le sol glacé du centre de détention provisoire*. Ces images semblent être tirées d'un livre d'histoire du Moyen Âge – ou de *Surveiller et punir*, où Michel Foucault commence son étude de l'histoire de l'appareil de violence et de coercition de l'époque moderne par une impressionnante description des supplices pratiqués au XVIIIe siècle.

La torture a toujours fait partie de la machine répressive russe. Elle tire ses racines dans les traditions du NKVD (prédécesseur du KGB) et du Goulag, traditions chaque année plus présentes dans nos vies, mais qui, selon les témoins, avaient reculé entre les années 1960 et les années 1980, face aux demandes de « respecter les lois socialistes ». Après le chaos policier des années 1990, avec l'avènement de l'ère des *siloviki* dans les années 2000, la torture a repris place dans le répertoire des pratiques de la police, du FSB et du FSIN**. Au cours de la dernière décennie, au fur et à mesure que le système de maintien de l'ordre s'étendait au point de devenir autosuffisant, inventant sans cesse de nouvelles menaces et de nouvelles affaires judiciaires et ne cessant d'obtenir de nouveaux budgets pour les traiter, la torture est devenue un élément indispensable du fonctionnement d'une machine qui tourne avec la seule ressource dont elle dispose, le corps humain, dont elle extrait le maximum utile : aveux, soumission et travail forcé.

* Affaire de terrorisme fabriquée par le FSB en 2018. Des collégiens furent emprisonnés et torturés durant l'enquête.

** Service fédéral pénitentiaire, direction des établissements pénitentiaires de Russie.

Récemment, cependant, la révolution des smartphones et des messageries instantanées a entraîné la diffusion d'un nombre extrêmement important de témoignages vidéo qui se propagent de manière virale sur les réseaux sociaux.

Toutefois, chose étonnante, en dépit de la réaction immédiate du FSIN et de la punition exemplaire des coupables et de leur supérieur, l'affaire de Iaroslavl a produit plutôt l'effet inverse. Tout le monde ou presque est resté convaincu que la torture continuerait d'être pratiquée avec la même intensité, mais plus discrètement : un bilan, sans doute, en serait tiré, en ce sens que les policiers et les gardiens de prison se verraient confisquer leurs smartphones durant leurs heures de service ou interdire d'utiliser les réseaux sociaux. Quant aux images de vidéosurveillance, elles seraient dorénavant soigneusement censurées. Indignation publique mise à part, la scène de torture filmée dans la prison de Iaroslavl et visionnée par des millions de personnes à travers le pays n'a pas eu de conséquences notables – ni mouvement social d'envergure, ni *flash mob*, ni protestation. Nous avons simplement pris conscience qu'à côté de nous, derrière le mur, à portée de main, nous avions notre propre Gestapo, un enfer de supplices : un seul geste maladroit et l'on pouvait, à son tour, y atterrir. Paradoxalement, la divulgation du méfait n'a révélé qu'un secret de Polichinelle ; dans la conscience publique la torture s'est banalisée : nous vivons en sachant que les agents du poste de police voisin, juste au coin de la rue, peuvent sans autre forme de procès nous pendre « en hirondelle », nous forcer à nous asseoir sur un goulot de bouteille ou nous enfiler un sac sur la tête* si d'aventure

* Formes populaires de torture dans la police et les prisons : pendre le prisonnier à un crochet fixé au plafond, les mains et les pieds attachés

nous tombons entre leurs mains en tant que témoins ou suspects. Selon un sondage réalisé par le centre Levada, 7 % des personnes interrogées estiment que « les prisonniers ne sont pas en droit de s'attendre à un traitement normal » et 28 % que, « dans certains cas, il est nécessaire d'employer la force à l'égard des prisonniers ».

Des humains dans des cages

De la même manière, nous sommes habitués au spectacle d'êtres humains enfermés dans une cage lors de leur procès : les prisonniers célèbres, de l'ancien ministre de l'Économie Alexeï Oulioukaïev au metteur en scène de théâtre Kirill Serebrennikov, sont de plus en plus nombreux à apparaître sur les écrans derrière des barreaux, tels des bêtes fauves ou des criminels particulièrement dangereux – ou comme ce rebelle du XVIIIe siècle, Emelian Pougatchev, qu'on promena, enfermé dans une cage, par les rues de Moscou avant son exécution. Parfois, la cage est remplacée par un « aquarium » en verre, mais l'idée de Michel Foucault sur le « panoptique » des mécanismes de contrôle du pouvoir prend tout son sens : le corps de l'accusé est donné à voir comme un objet dans un cabinet de curiosités. Ce n'est pas un hasard si la question des « cages » et des « aquariums » était un sujet de critiques récurrentes à l'égard de Moscou au Conseil de l'Europe, quand la Russie en était encore membre.

Une autre vidéo récente en provenance de Komsomolsk-sur-l'Amour, dans l'Extrême-Orient, montrant une

---

derrière le dos, forcer le prisonnier à s'asseoir, l'anus sur le goulot d'une bouteille de champagne, ou mettre un sac en plastique sur la tête du prisonnier pour le faire suffoquer.

enseignante en train de frapper un élève de primaire qui l'avait contrariée, relève de la même norme disciplinaire : dans la société moderne, l'école, comme nous l'enseigne Foucault, est elle aussi une institution de contrôle, au même titre que la prison ; or, si la police antiémeute de Moscou a pu traîner des écoliers, le visage contre le bitume, lorsqu'elle dispersait des rassemblements de jeunes au printemps et à l'été 2017, pourquoi une enseignante, représentante de l'autorité, n'aurait-elle pas droit d'appliquer une mesure similaire à un élève indiscipliné – ou, encore par exemple, de menacer de faire fusiller, de livrer à la police ou aux gardes du corps de Poutine des élèves de terminale du village sibérien de Taiojnoïé, parce qu'ils ont écrit « Poutine est un voleur » sur le tableau noir ? La phrase répétée par l'enseignante rossant son jeune élève est significative : « Tu es qui, toi ? » Et en effet, qui est-il du point de vue de l'État ? La machine disciplinaire travaille à désindividualiser et à supprimer la volonté du citoyen en exerçant directement une violence physique sur son corps.

Nous assistons à un changement important dans les rapports entre l'État et le citoyen : les autorités à divers niveaux recourent de plus en plus ouvertement aux violences contre les corps, contrevenant à l'article 21 de la Constitution de la Fédération de Russie sur la protection de la dignité de la personne par l'État (« Nul ne peut être soumis à la torture, à la violence ou à d'autres peines ou traitements cruels ou dégradants »). La croisade pour la souveraineté et la régression archaïque du pouvoir conduisent l'État à revenir, tel le Léviathan de Hobbes, à son code originel, à la violence infligée au corps – torture, emprisonnement, humiliation. En toute logique, la prochaine étape devrait être le retour des condamnations à mort puisque la Russie s'est retirée du Conseil de l'Europe et peut désormais lever le moratoire que son système judiciaire applique sur la peine capitale. Le pouvoir abandonne les méthodes modernes de gestion du corps collectif de la nation (la « biopolitique », selon les termes de Foucault) pour revenir à des moyens archaïques de légitimation.

Le cas d'Oleg Sentsov est un exemple de ce genre d'attitude moyenâgeuse envers le corps. Selon ses propres termes, le réalisateur vivant en Crimée a été, tel un serf, « livré avec la terre », converti de force à la citoyenneté russe après l'annexion de la Crimée par Moscou en 2014 et condamné pour cette raison, en vertu des lois de la Fédération de Russie. En fait, le corps d'Oleg Sentsov a été soumis à trois violences : il a d'abord été détenu illégalement, puis il a été torturé (battu, asphyxié avec un sac en plastique, menacé de viol et de mort – comme on peut le lire dans la plainte déposée par son avocat auprès de la Cour européenne des droits de l'homme [CEDH]), et enfin un troisième acte de violence a été commis contre le corps civil du réalisateur ukrainien, quand il a été fait citoyen russe contre son gré. Mais il y en a aussi eu une quatrième : lorsque, en mai 2018, le réalisateur a entamé une grève de la faim illimitée dans la colonie « L'Ours polaire », pour réclamer la libération de soixante-quatre prisonniers politiques ukrainiens détenus en Russie, les gardiens de prison ont entrepris de lui administrer de force un mélange nutritif, l'empêchant ainsi de disposer de son propre corps et du droit de mourir. La formule classique de la biopolitique selon Foucault a été mise en œuvre : usurpant le monopole de la mort, l'État s'arroge également le monopole de la vie, de la classique condamnation à mourir (exécutions, tortures, guerres) il passe à la condamnation à vivre.

Au lit avec l'État

Le contrôle de l'État sur le corps de l'individu est le chaînon manquant dans l'évolution du régime hybride des années 2000 vers l'autoritarisme déclaré des années 2010. La politisation de la corporalité s'est poursuivie tout au long du troisième mandat de Poutine, marqué par divers actes de régulation de la liberté des corps : de la « loi Dima Iakovlev » de 2012*, qualifiée de « cannibale » par ses détracteurs, à la loi discriminatoire interdisant la propagande homosexuelle en 2013, qui, stigmatisant l'homosexualité, a entraîné une augmentation de la violence contre les représentants de la communauté LGBT, de la destruction démonstrative de produits alimentaires occidentaux tombés sous le coup des « contre-sanctions » russes** aux initiatives délirantes des législateurs locaux, ceux, par exemple, de Tcheliabinsk, proposant d'enrôler dans l'armée les femmes qui, à l'âge de 20 ans, n'auraient pas encore eu d'enfants. L'État a trahi le contrat social de la dernière période soviétique, fondé sur la non-ingérence des autorités dans la vie privée des citoyens et qui avait créé une société dans l'ensemble

---

* Loi adoptée par l'Assemblée fédérale en décembre 2012, en réponse à la « loi Magnitski » adoptée par le Congrès américain. La « loi Dima Iakovlev », qui interdit l'adoption d'orphelins par des étrangers, a condamné à mort deux cent soixante-cinq enfants souffrant de graves maladies, pour lesquels des familles d'accueil aux États-Unis avaient déjà été trouvées.

** En 2014, en réponse aux sanctions occidentales à la suite de l'annexion de la Crimée, la Russie a imposé un embargo alimentaire sur la viande, les produits laitiers et les légumes importés d'Occident : les aliments interdits étaient écrasés par des bulldozers ou brûlés dans des incinérateurs mobiles.

moderne, décomplexée et permissive (bien que loin d'être exempte de stéréotypes de genre et de violences familiales).

À la fin des années 2010, il devenait indéniable que l'État se faufilait non seulement dans nos chambres à coucher, mais aussi dans nos cuisines et nos réfrigérateurs, nous prescrivant tout à la fois comment nous alimenter, avec qui coucher et combien d'enfants avoir. La biopolitique classique seule ne suffit pourtant pas, elle est complétée par des pratiques archaïques de pure coercition physique. La Russie d'aujourd'hui n'est pas seulement un pays où les défilés de la Gay Pride et les adoptions d'enfants par des étrangers sont interdits, où la souveraineté sexuelle et la supériorité morale sur l'Occident sont proclamées, mais aussi un lieu où l'on frappe les écoliers, où l'on torture dans les commissariats de police et les colonies pénitentiaires et où l'on « emballe » les manifestants dans des fourgons antiémeute, tandis que Viktor Zolotov, le chef de l'un des organismes clés du maintien de l'ordre, la Garde nationale russe, menace, dans un message vidéo, de transformer l'opposant Alexeï Navalny en steak saignant. Après les rassemblements de protestation de masse sur la place Bolotnaïa à Moscou en 2012, le porte-parole du président Poutine, Dmitri Peskov, appelait la police à « étaler le foie des manifestants sur l'asphalte ».

Par ailleurs, en règle générale, les passages à tabac et la torture sont des réponses spontanées de la machine répressive aux pratiques étatiques de gestion du corps collectif (ainsi qu'aux expressions des personnages de l'État empruntées au vocabulaire des bouchers). Les policiers, les agents des services spéciaux et les gardiens de prison répondent à la biopolitique des législateurs par une politique anatomique de violence visant à assujettir la volonté des citoyens, à réprimer de manière excessive et exemplaire afin de discipliner les masses. S'il existe, dans l'État, une archaïsation totale de la pensée et de la gestion politique, alors elle concerne également la sphère du corps de l'individu, et des institutions de l'ère moderne nous revenons aux pratiques du Moyen Âge. La violence commence dans les émissions télévisées sur l'Ukraine par une bagarre de carnaval et une mise en scène de passage à tabac d'un invité ukrainien (ou polonais, ou américain), se poursuit avec le recrutement de mercenaires envoyés dans le Donbass et d'autres points chauds du monde entier où ils seront pris dans les hachoirs à viande des conflits locaux et livrés à leur sort, et se termine par des aiguilles enfoncées sous des ongles et un sac en plastique enfilé sur un crâne au poste de police du coin de la rue. Le cercle se referme. Ayant converti la population de la Russie en ressource biologique, en base fourragère, en masse taillable et corvéable à merci, le Léviathan se livre avec elle à la seule activité dont il est capable : surveiller et punir.

RETOUR EN 1937

L'une des principales occupations de l'intelligentsia russe ces dernières années a été de débattre pour savoir si le pays connaissait un « nouveau 1937* ». Certains soulignaient la répression qui frappait chaque fois de nouvelles couches de population – oligarques, gouverneurs, *siloviki*, utilisateurs des réseaux sociaux et classe moyenne urbaine –, tandis que d'autres objectaient avec bon sens que les exécutions de masse n'avaient pas encore commencé et que les répressions n'avaient qu'un caractère ponctuel. Cependant, la violente réponse aux manifestations de Moscou durant l'été 2019, et la brutalité ostentatoire déployée à cette occasion par la police et la Garde nationale, brutalité sans précédent, même selon les normes russes – des centaines de personnes passées à tabac, des bras et des jambes brisés, des crânes fracassés, plus de deux mille personnes arrêtées, tous les candidats indépendants aux élections municipales jetés en prison, et une enquête ouverte sur une affaire de

* Dans l'histoire politique russe, 1937 est synonyme de la « Grande Terreur » décidée par Staline, au cours de laquelle plus de sept cent mille personnes furent exécutées entre août 1937 et novembre 1938.

« troubles de masse » montée de toutes pièces – témoignent de l'évolution du régime répressif vers un autre stade où il est désormais possible de parler d'un nouveau 1937 non pas au sens métaphorique, mais au sens le plus concret, le plus technique. La saison de la terreur politique est à présent ouverte en Russie.

Punir les innocents

L'essence de la Grande Terreur stalinienne de 1937-1938, comme le philosophe Mikhaïl Rykline l'a noté dans son livre *Terrorologique*[1], ne réside pas même dans son ampleur, mais dans sa nature cosmique, absolue : elle vient de nulle part comme une force extérieure invincible, comme le Destin dans la tragédie grecque, et peut être dirigée contre n'importe quel individu, qu'il soit ou non coupable. La « Terreur rouge » de la révolution de 1917 et de la guerre civile de 1918-1922 fut terrible, mais en partie compréhensible dans le sens où l'on pouvait y trouver au moins quelques raisons (à défaut de justifications) : on tuait des militants du Mouvement blanc, des monarchistes, des prêtres, des représentants des « classes réactionnaires » – bourgeois et propriétaires fonciers –, on nettoyait les territoires déloyaux (révolte des marins de Cronstadt en 1921, rébellion des paysans sous la direction d'Alexandre Antonov dans la province de Tambov en 1920-1921). Beaucoup d'innocents mouraient, mais dans l'ensemble, on justifiait la terreur par la « nécessité révolutionnaire ». La Grande Terreur qui vint ensuite n'avait plus besoin de motif ni de justification : elle découlait de la logique du discours soviétique.

C'est une blague soviétique : un gardien du Goulag demande à un prisonnier pourquoi il se retrouve en prison.

« Pour rien, répond le prisonnier. – Tu mens, salaud ! réplique le gardien, pour rien on se prend dix ans, toi, tu en as écopé quinze. » Ce « pour rien » illustre le sens de la Grande Terreur, ou plutôt son absence de sens : c'est la terreur pour la terreur, une pure production de violence et de peur, et une population soumise et paralysée. Le sens de la terreur, tel qu'il a été formulé par les fondateurs du terrorisme révolutionnaire en Russie dans la seconde moitié du XIXe siècle (la Russie en ce sens est le berceau du terrorisme), consiste à frapper d'effroi les autorités et le peuple en recourant à des assassinats systématiques de fonctionnaires ; l'usage de la violence doit être permanent, total et aléatoire, faisant forcément des victimes innocentes. Au XXe siècle, les meurtres de civils sont devenus encore plus nombreux, de la terreur des bolcheviks et des Khmers rouges au terrorisme islamique de la fin du XXe siècle et de ces dernières décennies. La violence doit être aléatoire et aveugle, susceptible de s'abattre sur n'importe qui – car c'est à ce moment-là qu'elle atteint son effet maximal.

Je l'ai observé lors du rassemblement du 3 août 2019 à Moscou : avec un petit groupe de manifestants, nous remontions le boulevard Strastnoï en direction de la place de la porte Petrovski. Au milieu de l'étroit trottoir, trois « cosmonautes* » se tenaient debout, jambes écartées, filtrant le flux de marcheurs et arrêtant l'un après l'autre tel ou tel protestataire pour l'en extraire. En m'approchant d'eux, j'ai surpris leurs regards âpres et scrutateurs posés sur moi par-dessous leurs visières en plexiglas. Sans doute ai-je été à ce moment-là « pesé et trouvé trop léger », comme dit la Bible,

* Surnom familier donné aux agents des forces spéciales que leurs casques et leurs équipements de protection font ressembler à des cosmonautes en combinaison spatiale [*N.d.T.*].

car je suis passé sans encombre, mais le jeune homme aux cheveux bouclés qui me suivait n'a pas eu cette chance : il a été sur-le-champ empoigné par les bras et, quelques secondes plus tard, presque courbé en deux, les bras tordus derrière le dos, entraîné vers l'*avtozak**.

De nombreuses vidéos tournées lors de cette manifestation montrent le caractère aléatoire des arrestations et des passages à tabac, ainsi que leur excessive brutalité : sur la place Pouchkine, des colonnes de soldats de la Garde nationale en équipement complet – armure, casque, gilet pare-balles –, les mains des uns sur les épaules des autres, comme les soldats d'un manipule romain ou les *stormtroopers* impériaux de *Star Wars*, marchent en rond, au pas cadencé, au milieu des groupes de manifestants immobiles, en quête de leur prochaine victime, puis soudain se précipitent sur un individu que rien ne distingue des autres. Ils le neutralisent sans ménagement et l'entraînent au pas de course jusqu'au fourgon sous les yeux de ses camarades pétrifiés. Dans les films animaliers, les lions ne s'y prennent pas autrement pour isoler une antilope du troupeau, tandis que ses congénères, nullement troublées, continuent de brouter l'herbe.

Mais outre la terreur de rue, il y a la terreur juridique : c'est l'« affaire moscovite », l'affaire des troubles de masse et des violences contre des représentants de l'ordre, soulevée par le Comité d'enquête après le rassemblement du 27 juillet 2019 à Moscou, au cours duquel des dizaines de personnes furent interpellées. Une équipe de près d'une centaine d'officiers enquêteurs a travaillé sur le dossier. Les *siloviki* ont gonflé cette action de protestation pacifique pour en faire un véritable complot visant à renverser le gouvernement. Les cas des plus de deux mille personnes

* Nom familier pour désigner le fourgon cellulaire [*N.d.T.*].

arrêtées lors des rassemblements du 27 juillet et du 3 août ont été examinés à la va-vite : selon les témoignages, lors des audiences, cinq minutes ont été consacrées à chaque dossier, les juges ont refusé d'entendre les dépositions des accusés et de leurs témoins, et prononcé des centaines de sentences calquées sur le même modèle, au point qu'on en est venu à parler de « justice à la chaîne ». Tout cela ressemble encore une fois aux verdicts expéditifs prononcés par les « troïkas* » de Staline. L'arsenal des officiers enquêteurs comprend perquisitions nocturnes, arrestations avant l'aube, intimidations des familles. Le couple Prokazov, qui avait participé à la manifestation du 27 juillet avec un enfant âgé de 1 an, fut ainsi menacé par le parquet d'être privé de ses droits parentaux.

La violence anonyme

L'anonymat d'une terreur menée au nom du corps collectif, de la masse extatique exigeant que « les ennemis soient abattus comme des chiens enragés** », participe du rapprochement des actions des *siloviki* des répressions staliniennes. Une campagne de propagande dans les médias russes – analogue des réunions organisées dans les entreprises et des lettres collectives envoyées à la *Pravda* du temps de l'Union soviétique – assimilait les manifestants du 27 juillet

* Au moment de la terreur stalinienne, nombre de procès étaient instruits par de simples « troïkas » composées du chef du NKVD local, du secrétaire du Parti et d'un procureur, sans que l'accusé bénéficie de l'assistance d'un avocat [*N.d.T.*].

** Revendication fréquente des masses lors des rassemblements et dans les lettres collectives au cours des procès-spectacles de l'ère stalinienne [*N.d.T.*].

et du 3 août à des traîtres et exigeait la dispersion brutale de toute manifestation à venir. La veille d'un rassemblement, le Centre de recherche sur l'opinion publique (VTsIOM), un organisme pro-Kremlin, publiait un sondage sur l'évaluation des actions de la police lors de la dispersion des rassemblements de protestation. Le résultat du sondage était truqué : dans la question principale, le mot « légalité » (des actions de la police) avait été subrepticement remplacé par celui de « brutalité », de sorte qu'il se révélait finalement que « les actions brutales des autorités confrontées à un rassemblement non autorisé sont soutenues par 61 % des Moscovites et 69 % des Russes ».

D'autre part, cette terreur est anonyme : la police et la Garde nationale font tout pour dissimuler les visages et les identités des policiers impliqués dans la dispersion des rassemblements : masques et cagoules, film alimentaire collé sur les visières des casques (censé déformer les traits du visage sur les photos) ; par ailleurs, la Garde nationale est en principe placée hors du champ d'application de la loi sur la police et peut agir de manière anonyme et sans contrôle, autrement dit impunément. Tout aussi anonymes sont les passages à tabac et les tortures infligés dans les prisons russes : on couche la victime face contre terre, on lui bande les yeux ou on lui met sur la tête un sac plastique, de sorte que les tortionnaires restent anonymes. Une mince couche de violence s'étale sur la Russie – sans visage et impunie.

L'impunité est le fondement de la terreur policière actuelle en Russie. Après l'« affaire Bolotnaïa* », le cadre juridique et la pratique judiciaire ont été adaptés de manière

* Affaire criminelle ouverte pour « troubles de masse » après la « Marche des millions », place Bolotnaïa à Moscou le 6 mai 2012, qui a marqué le début d'une nouvelle période de répression en Russie [*N.d.T.*].

que toute tentative pour résister à un passage à tabac, se défendre ou protéger un proche, tout propos ou tout geste à l'encontre de la police puisse être immédiatement interprété comme un « acte de violence contre un représentant des forces de l'ordre » (article 318 du Code pénal prévoyant jusqu'à dix ans d'emprisonnement), afin que la victime des coups soit obligée de garder le silence, s'abstienne de se défendre et de résister. Mais souvent ce n'est pas encore assez ; comme le montre la pratique des tribunaux, ce sont les personnes battues le plus durement et le plus longtemps qui se trouvent impliquées dans les affaires relevant de l'article 318 : l'extrême brutalité de la police est suivie du très lourd châtiment de la victime, châtiment qui légitime la violence exercée contre celle-ci. Anonymat de la répression, impunité des auteurs de violence et impuissance des victimes, telles sont les trois composantes de la terreur russe.

Sémiotique de la terreur

Enfin, la troisième similitude avec les répressions staliniennes est purement urbanistique. La terreur s'exerce aujourd'hui dans les rues d'une Moscou réaménagée par le maire, Sergueï Sobianine – une ville léchée, nettoyée et revêtue de granit. Tout comme la Grande Terreur s'est déroulée dans les décors de la reconstruction de Moscou lancée par Staline (plan général de 1935), la terreur actuelle a pour scène une capitale transformée par les récents aménagements urbains. Les réseaux sociaux regorgent de photos montrant des rangées de policiers antiémeute près du Théâtre d'opérette, dans une rue Bolchaïa Dmitrovka décorée d'une « pluie » d'ampoules

LED, lieu de prédilection pour les selfies postés sur Instagram, ou des colonnes de gardes nationaux, près du Théâtre d'art de Moscou, passage Kamerguerski, marchant vers la statue de bronze d'un Tchekhov abasourdi ; les « cosmonautes » forment des groupes pittoresques autour des bancs de granit et des parterres de fleurs, ils traînent les manifestants sur un sol revêtu pour la troisième fois de nouvelles dalles, ils renversent et frappent brutalement un cycliste qui passait en *velobike* – vélo en libre-service, symbole de la gentrification à laquelle aspirait Sobianine. On découvre avec surprise que ces zones piétonnes en granit semblent avoir été créées pour une dystopie totalitaire où la Garde nationale joue le rôle principal : les larges trottoirs laissent de la place pour garer des *avtozaki* et déployer les phalanges des forces spéciales d'intervention. Dans les ruelles exiguës d'une vieille ville européenne, par exemple, ils se trouveraient à l'étroit. Ce n'est pas un hasard si le baron Haussmann a démoli le labyrinthe du centre de Paris après les nombreux soulèvements populaires de la première partie du XIXe siècle, et percé, à leur place, de larges boulevards où il est difficile de construire une barricade, mais qui offrent de l'espace pour les manœuvres des troupes régulières et de l'artillerie. De même, le centre réaménagé de Moscou se révèle être un excellent champ de manœuvre pour les unités des forces de l'ordre désireuses de perfectionner leur tactique de dispersion des manifestations en s'exerçant sur des personnes vivantes, désarmées et sans défense.

Tard dans la soirée, les dernières interpellations terminées, je roulais en voiture sur la ceinture des Boulevards. C'était un samedi, mais celle-ci était vide de ses passants, de l'agitation qui règne d'ordinaire en été dans les cafés et sur les terrasses : le centre-ville était désert. Sur toute la longueur de la ceinture, entre les panneaux publicitaires, les stations de vélos en libre-service et les arbres couverts d'illuminations criardes (les boulevards et les parcs de Moscou sont décorés de milliers de LED), seuls brillaient les casques et les boucliers des soldats de la Garde nationale russe, comme si le centre de ma ville était occupé par des créatures extraterrestres, fourmis mutantes aux allures d'arthropodes – et ce spectacle post-apocalyptique était si effrayant qu'il m'a coupé le souffle.

À ce moment, je me suis rappelé où j'avais déjà vu pareil spectacle : deux ou trois ans plus tôt, je m'étais retrouvé dans la capitale de la Biélorussie, Minsk, la veille de la Journée de la liberté, le 25 mars, date où les opposants au régime se rassemblaient traditionnellement pour une marche en souvenir de la déclaration d'indépendance de la Biélorussie en 1918. Mais cette année-là, les cortèges de l'opposition avaient été interdits, et la ville déserte, avec ses larges avenues et ses pompeuses façades staliniennes, livrée au pouvoir de la police : des milliers d'agents des forces spéciales se tenaient dans les rues, aux carrefours, aux sorties des cours d'immeubles, et à part eux, il n'y avait pas une âme dans le centre-ville. Je me suis aussi souvenu des avenues, des gratte-ciel et des slogans de Pyongyang à moitié vide, autre capitale à l'environnement parfaitement totalitaire. C'est ainsi que les rêves des urbanistes se brisent sur les fondations en granit du totalitarisme, c'est ainsi que le « théâtre de la vie urbaine » imaginé par les agences d'architecture occidentales invitées à Moscou se transforme en une marche impériale de *Star Wars*, en une procession aux flambeaux sortie du *Triomphe de la volonté* de Leni Riefenstahl.

En Russie, la sémiotique de la terreur triomphe. Ce n'est pas un hasard si des uniformes d'un noir agressif, qui évoquent les chemises noires des nazis, ont été conçus pour la police et la Garde nationale. Ils diffèrent radicalement de ceux, gris souris et discrets, de la police soviétique. Ce n'est pas un hasard si, année après année, à chaque exposition, le célèbre fabricant d'armes Kalachnikov a présenté de nouveaux moyens de disperser les rassemblements, depuis des engins blindés pour repousser la foule jusqu'à un Robocop de 3 mètres baptisé Igorek ; l'entreprise automobile KAMAZ, lors de plusieurs salons automobiles, a présenté quant à elle des fourgons cellulaires modifiés, et la Garde nationale a fait état de l'achat de dizaines de milliers de nouvelles matraques, de pistolets à impulsion électrique et de dispositifs acoustiques de contrôle des foules. Tout cela était destiné avant tout à intimider le citoyen ordinaire, à le contraindre à rester chez lui, mais à présent cet arsenal est bel et bien utilisé contre la population : la machine de la terreur symbolique se transforme en terreur policière.

Au lendemain des manifestations de Moscou, nous nous sommes réveillés dans un autre pays où le groupe de *siloviki* au pouvoir a commencé à utiliser ouvertement des méthodes de terreur politique. C'était le stade suivant de la machine répressive qui évolue en Russie selon des lois non pas politiques, mais biopolitiques, ogresques. Une machine qui, tôt ou tard, devait atteindre cette limite, qu'on peut désigner comme un « nouveau 1937 », où la terreur est produite non pas au nom d'objectifs politiques, mais uniquement pour elle-même, comme au temps de Staline. La boucle est bouclée, nous voilà devant un cercle vicieux de production de violence, qui recrache des corps humains meurtris et des destins brisés.

La politique a été abolie en Russie dans les années 2000, managers pervers et théoriciens de la « démocratie souveraine* » l'ont remplacée par la technologie, la gestion et la bureaucratie, par un système de « courroies de transmission ». Dans les années 2010, après la dispersion des manifestations sur la place Bolotnaïa en 2012 et l'annexion de la Crimée en 2014, la technologie a laissé place à l'idéologie, et la politique à un système clos, biologique et archaïque, fait de « destin » et de « *Blut und Boden* » – de sang et de sol, l'un des piliers de l'idéologie nazie. Et voilà qu'en cette troisième décennie du règne de Poutine, à présent que le champagne de Crimée a perdu ses bulles, il a été décidé de remplacer la politique par la terreur. La légitimité des autorités est désormais assurée non par des techniques de management politique, ni par des simulacres de démocratie et d'élections, mais par les matraques de l'OMON, la police antiémeute, et de la Garde nationale. C'est là une expérience qui vise à étendre la terreur politique. D'abord appliquée à Moscou, elle peut à présent être déployée dans toute la Russie, avant, tôt ou tard, de déborder ses frontières.

* Concept forgé par les idéologues du Kremlin dans les années 2000 pour essayer de concilier les formes démocratiques du système politique russe avec son essence autoritaire [*N.d.T.*].

LE DIAGNOSTIC FINAL

Depuis quelques années, la médecine occupe une place importante dans le débat public en Russie, tandis que le corps humain est devenu le protagoniste et l'objet de la politique. La Russie a connu la pandémie de Covid-19, les quarantaines et les confinements, les débats sur la vaccination et les pass sanitaires, les rumeurs sur la maladie de Poutine et une épidémie d'empoisonnements. En 2018, à Salisbury, en Angleterre, Sergueï Skripal, ancien agent de la Direction principale du renseignement de l'état-major général russe (GRU), et sa fille Ioulia ont été empoisonnés au moyen d'un agent neurotoxique dénommé Novitchok ; en 2019, en Russie, on a tenté d'empoisonner l'écrivain et opposant Dmitri Bykov, personnalité très populaire, avec le même agent de guerre chimique, et enfin, en août 2020, c'est encore avec l'omniprésent Novitchok qu'on a essayé d'assassiner le principal homme politique d'opposition, Alexeï Navalny, qui a miraculeusement survécu.

Autoritarisme Covid

Durant la pandémie de Covid, la médecine a remplacé la politique. On a assisté à une médicalisation de la vie quotidienne, de la société, de la politique et des relations internationales : le corps politique de la nation s'est changé en sujet d'analyses étiologiques, la santé publique en affaire de sécurité nationale, la course aux armements en course aux vaccins et la souveraineté nationale en immunité collective. Les politiciens ont été remplacés par des experts et des médecins, à la seule différence que nous n'avions pas élu ces derniers et ne connaissions que très mal leurs domaines de compétence. Pourtant ils disposent de la vie d'autrui beaucoup plus librement que n'importe quel homme politique démocratiquement élu et responsable : le monde entier se souvient de l'épidémiologiste en chef suédois, Anders Tegnell, qui, engagé dans une stratégie expérimentale de lutte contre la pandémie, a décidé durant une année du sort de toute une nation.

Les statistiques n'ont pas moins de pouvoir sur la société. Bruno Latour a noté qu'elles étaient devenues la principale forme de biopolitique dans le monde d'aujourd'hui : la population est perçue comme une masse statistique et pathologique à contrôler.

En Russie, le coronavirus a été intégré dans la politique du régime autoritaire. Au premier semestre 2020, lors de la première vague du coronavirus, la propagation de la pandémie a coïncidé avec la préparation d'une réforme politique ébauchée antérieurement et censée accorder à Poutine un pouvoir illimité ainsi que le droit de gouverner en toute légalité durant des décennies. Au début de la pandémie, le coronavirus a semblé être un obstacle malheureux à son plan napoléonien de réécriture de la Constitution, en particulier en mars 2020, lorsque les cours du pétrole et du rouble se sont effondrés simultanément sous l'effet du confinement mondial. À la même époque, au printemps, on a observé de faibles tentatives de gestion de la pandémie selon les standards mondiaux : quarantaines partielles et confinements, allocations ponctuelles pour les familles nombreuses, mesures de soutien aux entreprises et assouplissement des remboursements de prêts (dont peu de Russes ont toutefois pu bénéficier), mais en général, cependant, l'ampleur de ces mesures en Russie est estimée à 2 % du PIB quand, dans les pays développés, elle a atteint 20 %, sinon davantage.

À l'été 2020, après la première vague, les autorités ont cru que la pandémie était sous contrôle, et que la population n'exprimait pas de mécontentement significatif ni contre la pénurie catastrophique de soins médicaux dans les régions, ni contre la crise et la baisse des revenus. C'est à ce moment-là qu'il fut décidé d'organiser un référendum sur la Constitution à l'échelle de toute la Russie : la pandémie fut utilisée comme un outil politique pour tester le vote anticipé étendu sur plusieurs jours (en restreignant sévèrement la présence d'observateurs indépendants) et pour interdire presque complètement les actions de rue sous prétexte de pandémie.

La médicalisation des élections et la neutralisation de l'opposition se sont poursuivies après cela : les élections de mi-mandat de l'automne 2020 se sont également déroulées selon les nouvelles règles, sur trois jours, en supprimant les restrictions informelles concernant le vote anticipé et le vote à domicile et en élargissant la pratique du « vote sur souches ». Sous prétexte de sécurité sanitaire, les urnes étaient placées en ville dans des coffres de voitures ou sur des bancs de cours d'immeubles, et à la campagne, sur ces fameuses souches d'arbre. Au cours des mêmes mois, la répression des manifestations a continué, dans la plupart des cas sous les mêmes prétextes sanitaires : à la fin de la première année de la pandémie, le peuple russe se heurtait à une interdiction totale de l'activisme de rue, qu'il s'agisse de rassemblements ou de piquets individuels.

Une épidémie d'empoisonnements

Enfin, à l'été 2020, dans un contexte de réformes politiques et de restrictions épidémiques, décision fut prise d'apporter une « solution finale » au problème posé par Alexeï Navalny. En août 2020, lors d'une visite de l'opposant dans la ville sibérienne de Tomsk, des agents du FSB appliquèrent du Novitchok sur ses vêtements laissés à l'hôtel. En plein vol de retour vers Moscou, l'homme politique frôla la mort, mais après un atterrissage d'urgence à Omsk, autre ville sibérienne, les médecins qui lui dispensèrent les premiers secours lui sauvèrent la vie : selon le plan initial, l'avion était censé voler jusqu'à Moscou, où des médecins du FSB spécialement formés ne lui auraient pas permis de survivre. Deux jours plus tard, après que le Kremlin eut longtemps refusé son transfert hors du territoire russe, Navalny, plongé dans un coma artificiel, était transporté dans un conteneur spécial à Berlin, où les médecins de l'hôpital de la Charité mirent un mois à le ramener à la vie.

Le plan conçu comme une simple opération spéciale avec participation d'empoisonneurs et de médecins complices avait soudain mal tourné pour se transformer en un échec cuisant du FSB, doublé d'un scandale international. L'affaire prit de l'ampleur grâce aux informations médicales. L'anamnèse de Navalny, révélant les détails de l'empoisonnement, joua en défaveur du Kremlin. La publication dans *The Lancet* d'un rapport rédigé par les médecins de l'hôpital de la Charité sur l'évolution de sa maladie provoqua la colère du gouvernement russe. Le porte-parole du président, Dmitri Peskov, déclara non sans irritation : « Nous ne lisons pas les publications médicales. »

La médicalisation de la politique, qui pendant un an avait permis au Kremlin de mener une réforme constitutionnelle, de nettoyer le champ politique et d'éliminer les opposants, s'est soudainement retournée contre lui. Le sauvetage miraculeux de Navalny par les pilotes de l'avion et les médecins urgentistes de l'hôpital d'Omsk, son évacuation et son traitement en Allemagne ont écrit une tout autre histoire de la maladie : les bulletins de santé du « patient de Berlin » ont tenu le public russe en haleine pendant de nombreuses semaines, et les détails sur son empoisonnement ont propulsé Navalny au premier plan de la scène internationale, ce qu'a confirmé la visite à l'hôpital de la chancelière allemande de l'époque, Angela Merkel. Dorénavant Navalny n'était plus seulement un opposant politique d'une dictature provinciale, mais un personnage d'envergure mondiale, susceptible de s'élever au niveau d'un Václav Havel ou d'un Nelson Mandela. Son retour courageux en Russie en janvier 2021, son arrestation à l'aéroport, son incarcération et la série de condamnations ultérieures (la dernière, en mars 2022, à neuf ans d'emprisonnement) ont fait de lui le principal prisonnier politique russe. Les images de son corps émacié à l'intérieur de la colonie pénitentiaire n° 6 près de la ville de Pokrov, dans la région de Vladimir, où il est soumis à des conditions de détention intolérables et constamment isolé en cellule disciplinaire, sont devenues l'un des symboles de la résistance en Russie.

La tentative d'élimination qu'il a subie confère à Alexeï Navalny des droits particuliers : « le patient de Berlin », comme on l'appelait au Kremlin dans la crainte de prononcer son nom à haute voix, devenu à présent « le prisonnier de Pokrov », se trouve sur un pied d'égalité avec « le patient du Kremlin », isolé dans un bunker pendant la majeure partie de la pandémie (un autre surnom de Poutine est « le grand-père du bunker »). Et si auparavant la politique russe était concentrée exclusivement dans le corps de Vladimir Poutine (c'est le lieu de citer la métaphore de la théologie politique médiévale d'Ernst Kantorowicz[1], pour qui le « corps du roi » devient le corps politique de la nation), elle est aujourd'hui également liée au corps d'Alexeï Navalny, sur un lit d'hôpital, dans la cage d'un prétoire ou au fond du quartier d'isolement d'une prison – un corps exténué, mais invaincu.

Ne tirez pas sur l'oiseau moqueur

Durant l'été 2021, un an après l'affaire Navalny, un autre cas d'empoisonnement fut révélé en Russie. En avril 2019, le FSB avait tenté de punir un autre critique bien connu du régime, l'écrivain, poète et personnage public Dmitri Bykov, alors qu'il effectuait une tournée dans des villes de Sibérie et de l'Oural : durant son séjour à Novossibirsk, on avait, semblait-il, appliqué le même Novitchok sur un de ses vêtements laissés à l'hôtel, vêtement qu'il avait revêtu un jour plus tard à Ekaterinbourg avant de perdre connaissance dans l'avion, souffrant des mêmes symptômes que Navalny. Comme ce dernier, il n'a survécu que grâce au hasard et à un avion médical privé envoyé le chercher.

Selon les médias d'investigation *The Insider* et *Bellingcat*, la tentative de meurtre de l'écrivain avait impliqué les mêmes agents du FSB du tristement célèbre institut de recherche scientifique n° 2 qui devaient empoisonner Alexeï Navalny l'année suivante. Apparemment, c'est devenu une tradition en Russie : nous voilà comme au temps de Catherine de Médicis, lorsque poisons et tentatives d'assassinat étaient l'arme ordinaire de la politique. Et de nouveau, comme en août 2020, après l'empoisonnement de Navalny, le plus surprenant fut l'absence de réactions politiques et juridiques aux accusations : pas d'avocats, pas de conférences de presse, pas de questions au Parlement, pas d'enquête – juste un empoisonnement de plus, *business as usual*.

La victime elle-même réagit à l'attentat contre sa vie non sans flegme et philosophie. Avec son humour habituel, Dmitri Bykov déclara : « C'est un peu comme si on m'avait décerné le prix d'État*. » On peut le comprendre : les tentatives infructueuses d'enquête sur les meurtres de l'opposant politique Boris Nemtsov, des journalistes Iouri Chchekotchikhine, Anna Politkovskaïa et de bien d'autres, le silence des services de sécurité et les justifications narquoises du Kremlin réduisent tout appel à une enquête officielle à un cri lancé dans le désert. Ou plutôt, dans un marécage où seules gargouilleront quelques bulles de gaz toxique auxquelles répondra un butor solitaire.

Au fil des années de répression, nous nous sommes accoutumés au mutisme du pouvoir et à son arbitraire. Une longue série de meurtres et de tentatives d'assassinat politique non élucidé nous ont accoutumés au silence et à

* Allusion au Prix d'État de la Fédération de Russie, institué en 1992, pour récompenser des mérites exceptionnels dans les domaines scientifique, littéraire, médical, artistique ou musical [*N.d.T.*].

la patience : « Je suis toujours en vie, Dieu merci ! » Nous avons reconnu à l'État le droit d'empoisonner ou d'abattre les indésirables ; peu importe qu'il s'agisse d'un ordre tombé d'en haut ou d'une initiative prise sur le terrain, l'État s'est transformé par ses actes et de façon volontaire en une machine monolithique dont les actions comme les projets tendent à instaurer la terreur : que Boris Nemtsov ait été tué sur ordre de Poutine ou sur une initiative personnelle du chef de la Tchétchénie, Ramzan Kadyrov, le résultat est de toute manière le même.

La vie nue

Le pouvoir ne dissimule nullement ses instincts cannibales, comme dans le cas de l'empoisonnement des Skripal en Angleterre. « Nous sommes allés voir la flèche de la cathédrale de Salisbury », ont déclaré, en se retenant à peine de rire, les deux empoisonneurs répondant aux surnoms de « Petrov » et de « Bochirov » dans une interview accordée à la chaîne de télévision publique Russia Today. « S'ils avaient voulu l'empoisonner, ils auraient terminé le travail », a noté Poutine avec un sourire jésuite à propos de l'attentat contre Navalny. L'évidence même de la violence est l'un des principaux acquis de la Russie ces dernières années, la création d'un consensus public tacite, d'une zone de silence autour des crimes de l'État, crimes qui non seulement ne font l'objet d'aucune enquête ni de débats, mais sont acceptés comme les manifestations d'un pouvoir absolu.

Il est inutile de chercher des motifs logiques à la terreur, tout comme il est insensé et immoral de poser la question : pourquoi Bykov ? En quoi était-il dangereux pour les autorités ? La réponse à cette question est simple : elles l'ont empoisonné parce qu'elles en ont le pouvoir. Parce qu'il est un homme public et un intellectuel influent qui irrite par ses positions critiques et moqueuses. En même temps, l'empoisonnement de Bykov montre que désormais l'objet de la répression n'est plus seulement l'activité politique, ni même les enquêtes journalistiques, mais simplement la pensée indépendante et irrévérencieuse. Il s'agit d'une évolution de la politique répressive qui, de l'étouffement de l'« activisme », c'est-à-dire du désaccord actif avec le régime, mue vers l'étouffement de la « dissidence », c'est-à-dire d'une attitude critique et même simplement neutre à l'endroit du régime. En ce sens, la tentative d'empoisonnement de Bykov, même si elle a échoué, a été un signal important pour la société : il devait être puni de manière spectaculaire, non pour quelque déclaration séditieuse, mais « pour l'ensemble de son œuvre », pour sa position civique et critique.

La tendance à la médicalisation a amené le système biologique, organique, le corps humain, au premier plan de la scène politique. À l'ère du virtuel et du numérique, la politique redevient soudain corporelle et traite de la vie et de la mort des êtres humains, du terme de leurs existences. Sous prétexte de lutter contre la pandémie, l'État a déclaré un « état d'exception » à la Carl Schmitt*, en se plaçant au-dessus des lois et des normes – et notre existence s'est transformée en une « vie nue », selon le concept forgé par Giorgio Agamben**, qui n'a aucune valeur, comme dans les

* Carl Schmitt était un philosophe politique allemand et un « avocat de cour » du Troisième Reich, qui a mis en avant le concept de souveraineté comme la capacité de déclarer l'état d'exception [*N.d.T.*].

** Philosophe italien contemporain, qui a introduit le concept de « vie nue » comme forme biologique ultime de l'existence d'un prisonnier dans un camp de concentration [*N.d.T.*].

camps de concentration. On peut empoisonner quelqu'un en toute impunité, le condamner sans preuve, cacher chez lui de la drogue, le déclarer extrémiste, briser son existence. C'est ainsi que le fascisme est né en Europe il y a près de cent ans, de l'idée de « sang et sol », des manifestations de la corporalité humaine et de l'arbitraire de l'État.

LES ÊTRES HUMAINS COMME « SECOND PÉTROLE »

Le 1er septembre, Journée de la connaissance, et jour de rentrée des classes, est une date spéciale dans le calendrier russe, une grande fête de la fécondité et de l'amour pour les enfants, marquée par des bouquets somptueux et des parades scolaires. Un élément obligé du rituel est la visite des écoles par des officiels de divers rangs. Une année, un rassemblement d'écoliers de Vladivostok s'est trouvé honoré de la présence du président Poutine en personne. Sa conférence (portant comme toujours sur l'histoire – de même que Staline écrivait des articles de linguistique, Poutine restera dans les annales au titre d'historien amateur) a débuté par un curieux incident : comme un écolier l'invitait à *s'inscrire* sur sa chaîne YouTube, le président a cru qu'on lui demandait d'*inscrire* son nom au bas d'une feuille – malentendu qui trahit bien le fossé culturel existant entre la jeune génération numérique et un bureaucrate âgé qui, resté à l'ère du papier, n'utilise pas Internet (comme il l'a reconnu à plusieurs reprises) et signe les documents qu'on lui soumet dans des parapheurs.

Mais la principale nouvelle fut d'ordre démographique. Si l'État n'avait pas connu deux effondrements, en 1917 et 1991, déclara Poutine, « nous aurions maintenant une population d'environ 500 millions d'habitants ». Selon le dernier recensement, 147 millions de personnes vivent en Russie, et ce chiffre décroît rapidement.

500 millions de serfs

Ce rêve de 500 millions de Russes hante Poutine. En juin 2021, lors de l'émission télévisée annuelle « Ligne directe », au cours de laquelle il est censé répondre aux questions de la population, le président affirma que 500 millions de Russes avaient bénéficié de prêts hypothécaires à taux préférentiel, lapsus qui devait devenir une source inépuisable de plaisanteries. Le chiffre de 500 millions était déjà apparu dans plusieurs déclarations des autorités : en 2012, le vice-Premier ministre de l'époque, Dmitri Rogozine, appelait les Russes à faire des enfants, sans cela, soutenait-il, « la Russie n'aura pas les 500 millions d'habitants dont nous avons absolument besoin ».

Il est révélateur que le président voie la cause du déficit démographique dans les deux effondrements de l'empire, et non dans les crimes du bolchevisme – la « Terreur rouge », la guerre civile de 1918-1922, les trois vagues de famine de 1921-1922, 1932-1933 et 1946-1947 (qui à elles seules causèrent 13 millions de morts) – ni dans la collectivisation des années 1930, et non dans les déportations de peuples entiers au cours des années 1940, et non dans la Grande Terreur de 1937-1938, et non dans les répressions d'après-guerre… Même si l'on reste critique quant au chiffre de 66,7 millions de personnes tuées par l'État (sans compter les pertes militaires) avancé par Alexandre Soljenitsyne, il s'agit toujours de dizaines de millions d'individus : tous victimes d'une politique de l'État que le président Poutine préfère pourtant ne pas évoquer. Pour lui, la tragédie, ce n'est pas la terreur d'État, mais l'effondrement de l'État et la perte de territoires.

Le chiffre magique d'un demi-milliard d'habitants est enraciné dans la logique de ressources sur laquelle repose le pouvoir russe. Selon le sociologue Simon Kordonski, la Russie est un « État ressourciel » dont toute la politique est bâtie autour de la conquête, de l'appropriation et de la redistribution des ressources. Tout se transforme en ressources, non seulement les matières premières naturelles, mais aussi le pouvoir, les services publics, les relations humaines, l'information, la violence et les menaces. La logique archaïque des ressources nécessite non seulement davantage de pétrole, de bois et de charbon, mais davantage d'espace : de là tous les projets d'expansion territoriale du régime de Poutine, de la revendication mégalomaniaque de 1,2 million de kilomètres carrés de plateau continental dans l'Arctique, y compris la zone du pôle Nord, revendication soumise à l'ONU dès 2015, aux opérations locales visant à confisquer des territoires à ses voisins – Crimée et Donbass à l'Ukraine. Abkhazie et Ossétie du Sud à la Géorgie – en passant par les négociations sur un éventuel rattachement de la Biélorussie à la Fédération de Russie. Dans la même veine de pensée territoriale archaïque, Poutine a déclaré en 2020 que lorsque l'URSS avait été créée, de nombreuses républiques entrées dans l'Union soviétique « avaient reçu une énorme quantité de terres russes » et de « territoires historiques traditionnellement russes ». Lors de sa sortie de l'URSS, chacune de ces républiques, selon le président russe, aurait dû « repartir avec ce qu'elle possédait quand elle était entrée » et non pas « emporter avec elle les cadeaux du peuple russe ».

Ces déclarations ont sérieusement alarmé les voisins de la Russie, principalement le Kazakhstan.

La population est une autre ressource à la disposition de l'État qui la gère, on l'a vu, par la biopolitique. Comme l'a observé le politologue Kirill Martynov : « Le président Poutine aurait enchanté Michel Foucault comme exemple de leader politique du XIXe siècle ressuscité deux cents ans plus tard et pensant en termes de population, de territoire et de sécurité. Dans pareil cadre, il est besoin de beaucoup de monde, pour fournir des travailleurs ("fondement de notre État"), des soldats et des gardiens de prison – car c'est ainsi qu'un État fort se reproduit dans le corps de ses sujets. » Les gardiens, d'ailleurs, sont déjà activement clonés : le 1er septembre 2022, à l'école n° 67 de Novossibirsk, une classe spécialisée a été ouverte pour préparer les élèves à entrer dans les établissements d'enseignement du FSIN à l'issue de leur scolarité. Des classes du FSIN existent également dans d'autres régions du pays, célèbres pour leurs colonies : région d'Irkoutsk, Mordovie, territoire de Krasnoïarsk et Bachkortostan.

Vivre jusqu'à la retraite

La logique des ressources a également dicté le recul de l'âge du départ à la retraite en Russie en 2018 : de 55 à 60 ans pour les femmes et de 60 à 65 ans pour les hommes. Étant donné qu'en 2017 l'espérance de vie moyenne des hommes en Russie n'était que de 67 ans (niveau particulièrement bas pour un pays développé), la plupart d'entre eux risquent de ne jamais connaître de retraite. La réforme a été profondément impopulaire en Russie – Poutine avait promis à plusieurs reprises de ne pas y recourir – et a divisé par deux la cote de popularité du président parmi les personnes âgées, son électorat le plus fidèle. Cependant, l'État a pris cette mesure pour faire face à un déficit de la Caisse des retraites, à une population vieillissante et à une pénurie de main-d'œuvre.

À mesure que ses ressources alimentaires se réduisent et que ses gisements s'épuisent, le peuple devient pour un État comme la Russie un « second pétrole », une richesse naturelle, une biomasse. Il convient de forcer cette masse à être plus productive et efficace en repoussant l'âge du départ à la retraite et en déléguant un nombre de plus en plus grand de services publics hérités de l'URSS – de l'éducation à la santé – au secteur privé. Témoin de cette approche « ressourcielle » de la population par la classe dirigeante, le grand nombre de discours de fonctionnaires russes conseillant à la population de vivre et de se nourrir plus sobrement, depuis la tirade sacramentelle du Premier ministre Dmitri Medvedev : « On n'a pas d'argent, mais vous, tenez bon », à la déclaration d'un membre du gouvernement de la région de Sverdlovsk, Olga Glatskikh : « L'État en principe ne vous doit rien », en passant par celle de la ministre du Travail de la région de Saratov, Natalia Sokolova, proposant à ses électeurs de manger pour 3 500 roubles (35 euros) par mois : « Les pâtes coûtent toujours le même prix. »

La politique démographique nataliste du gouvernement russe obéit à une logique biopolitique : capital maternité, projet d'exclure l'avortement du système de protection sociale de l'État (avec passage probable à son interdiction et sa criminalisation), idée de taxe sur l'absence d'enfants ou, encore, prêt hypothécaire préférentiel pour les familles nombreuses, avec ses fameux « 500 millions d'emprunteurs ». En même temps, la population est encouragée à se montrer prolifique : une vaste campagne publicitaire de promoteurs immobiliers encourage les Russes à se reproduire dans les cages en béton des nouveaux ensembles résidentiels. Grâce au pacte de corruption entre les autorités locales, les promoteurs et les constructeurs insatiables, les villes russes se voient peu à peu entourées de ceintures de béton hérissées de gratte-ciel, de « fourmilières humaines » dans lesquelles la population travaille à produire des contribuables, des soldats et de nouvelles mères.

Les âmes mortes

L'appareil d'État ne dédaigne nullement les pratiques russes traditionnelles : manipulations, ajustements et falsifications de statistiques. Un exemple typique en est le recensement de 2021. Selon plusieurs sources indépendantes, les agents recenseurs n'ont pu rendre visite qu'à à peine un quart des ménages, tout le reste des données a été simplement copié depuis les registres des lieux de résidence, le site web des services de l'État et d'autres fichiers administratifs dont les informations étaient obsolètes ou tout bonnement fantaisistes. Dans certaines régions, les résultats ont été simplement « fabriqués » au gré de compétitions entre gouverneurs, comme cela se pratique avec les chiffres des élections : chaque maître d'une région s'efforce de présenter le chiffre le plus agréable au Kremlin. Ainsi, par exemple, le chef du Bachkortostan, Radi Khabirov, a-t-il déclaré que le nombre de citoyens de la république ayant participé au recensement panrusse dépassait 4,1 millions, bien qu'en janvier 2021, la population du Bachkortostan fût inférieure à 4,1 millions d'habitants et eût encore diminuée de 60 000 autres en raison de la mortalité record due au Covid. Le fait est simplement que Khabirov brûlait de surpasser le président du Tatarstan voisin, Roustam Minnikhanov : ces deux régions ont transformé le recensement en une course entre deux individus.

Les experts invitent à être particulièrement prudents avec les chiffres du Caucase, où le pourcentage de pseudo-retraités, de pseudo-handicapés et d'autres bénéficiaires de prestations sociales attribuées sur la base de faux certificats est traditionnellement élevé, ce qui, soit dit en passant, explique le mythe des « centenaires caucasiens » – il n'est pas rare qu'on y falsifie les actes de naissance et qu'à 25 ans, on puisse figurer sur les listes des retraités de 70 ans. En résumé, les chiffres du Service fédéral de statistique de l'État (Rosstat) ne sont pas des indicateurs sociaux et démographiques, mais des indicateurs administratifs et politiques, ajustés aux objectifs des autorités, aux lignes directrices du plan et au combat des administrations pour obtenir des ressources budgétaires. Comme l'a dit encore Simon Kordonski, les statistiques d'État russes ont hérité de la logique soviétique : « Normalement, un recensement est un mécanisme de décompte de la population. Le recensement soviétique est un mécanisme de contrôle de celle-ci. »

Selon son témoignage, lorsque les *siloviki* russes ont recalculé, il y a quelque temps, les données des bureaux de l'état civil (en numérisant tous les enregistrements de naissances et de décès effectués dans les bureaux de l'état civil de la Fédération de Russie pour en déduire le nombre de personnes en vie), elles ont obtenu le chiffre de 90 millions. D'autre part, il existe dans le pays une importante population de migrants, de ruraux cherchant du travail en ville et de travailleurs saisonniers qui tous échappent au recensement. Des villages entiers qui n'ont ni code postal, ni alimentation électrique centralisée, ni réseaux de communication échappent ainsi au contrôle de l'État : ils n'ont pas d'existence juridique, ils ne figurent pas sur les cartes mais ils sont bien là. De ce point de vue, dit Kordonski, les données de Rosstat, y compris les données démographiques, doivent être traitées avec une grande prudence : « Peut-être ne sommes-nous pas 145 millions, mais 120. Ou peut-être 160, Dieu seul le sait. »

En fin de compte, la Russie est un pays où, à la vodka frelatée, au « fromage analogue » comme on appelle l'ersatz de fromage produit pour remplacer celui qu'il n'est plus possible d'importer en raison de l'embargo décidé par les autorités en représailles aux sanctions internationales, aux tests antidopage trafiqués des athlètes russes, aux statistiques truquées concernant le Covid et aux faux codes QR des pass sanitaires, est venu s'ajouter un recensement falsifié de la population dont les résultats ne fournissent pas d'informations justes sur la société russe, mais témoignent d'une crise profonde de l'État qui la gouverne. Tout comme la gestion de la pandémie avait fourni un exemple de « mauvaise gouvernance », voire de « défaillance de l'État » – celui-ci ayant renoncé de lui-même à assurer à sa population aide financière, vaccination de masse et protection sanitaire, renoncement à l'origine d'une mortalité record de plus de 1 million de personnes –, le recensement démontre à son tour l'incapacité du pouvoir.

Après une expansion sans précédent au cours des vingt dernières années (durant la seule décennie écoulée, le nombre de fonctionnaires a augmenté de près de 50 %), lui ayant permis de bâtir une gigantesque bureaucratie vouée au maintien de l'ordre et à la surveillance, à la fois machine administrative autoritaire et appareil répressif, l'État ne s'est révélé capable que de se nourrir lui-même et d'assurer la reproduction de son propre pouvoir. Par ailleurs, il ne remplit pas ses fonctions sociales élémentaires ; au lieu d'être l'« État serviteur » des théories sur l'art de gouverner, il s'est mué en un État parasite. Tout cela, cependant, a déjà été abondamment décrit par la littérature russe, à commencer par les immortelles *Âmes mortes* de Gogol, livre essentiel pour comprendre la Russie. Près de deux cents ans plus tard, les âmes mortes alimentent les statistiques de la Russie tout en donnant aux dirigeants l'illusion de leur propre puissance et du nombre de leurs sujets.

Ceux qui sont de trop

Devant ces chiffres manipulés, personne ne se pose une question pourtant simple : pourquoi la Russie aurait-elle besoin d'un demi-milliard d'habitants ? Où vivraient-ils ? Dans les villes du Nord, frappées de désertification, devenues le lieu d'un véritable désastre socio-économique ? En Extrême-Orient, où personne ne veut s'installer, même quand l'État promet à chaque nouvel arrivant un hectare de terre, et que ses habitants quittent massivement – tout comme ils quittent les terres peu fertiles des régions centrales de la Russie, qui se transforment en un territoire de villages morts et de bourgades agonisantes ? L'infrastructure des villes russes, nos ressources en eau et nos capacités de recyclage des déchets seraient-elles capables de résister à un afflux important de nouveaux habitants ? Dans quelle mesure le système de santé russe, dont le fiasco a été patent lors de la pandémie de Covid, y est-il prêt ?

Et enfin, question essentielle : l'humanité a-t-elle besoin d'humains supplémentaires ? Est-il nécessaire de s'engager dans la reproduction irréfléchie de vies humaines alors que la pauvreté et les inégalités augmentent sur la planète, que les ressources de la Terre commencent à manquer, que nous ne pouvons pas garantir aux générations futures une atmosphère propre, de l'eau douce, le maintien de la biodiversité ni un climat propice à la vie ? Quel est le plus important pour un État moderne : le nombre de ses citoyens ou leur qualité de vie ? Dans les sociétés post-industrielles qui ont connu la « deuxième transition démographique », les gens vivent plus longtemps et dans de meilleures conditions, ils ont des enfants plus tard et en moins grand nombre que dans les sociétés traditionnelles, ils sont libres de choisir de fonder une famille ou non. L'objectif de la politique ne doit pas consister à augmenter le taux de natalité et à accroître la population, mais à réduire la mortalité, allonger l'espérance de vie et la qualité de vie, améliorer le système de santé et la protection sociale.

Mais toutes ces questions passent à l'as face à l'utopie démographique et à la logique ressourcielle de l'État, pour qui la population constitue un gisement naturel, un « second pétrole ». Face à l'état d'esprit archaïque qui confond une inscription sur YouTube avec une signature au bas d'un décret.

LES ZOOS DE LA TERREUR

En Russie centrale, les Tchétchènes se comportent de nouveau en maîtres : le 20 janvier 2022, dans la ville de Nijni Novgorod, située à 400 kilomètres à l'est de Moscou, ils ont arrêté Zarema Moussaïeva, la mère d'Aboubakar Iangoulbaïev, avocat du Comité contre la torture. Elle a été enlevée dans son appartement en tenue d'intérieur, sans chaussures (des images la montrent conduite pieds nus dans la neige) et sans les médicaments dont elle avait besoin (elle est diabétique). Peu de temps auparavant, cinquante (oui, cinquante) proches de l'avocat avaient été enlevés en Tchétchénie et avaient disparu.

L'affaire Iangoulbaïev dure depuis de nombreuses années. Le père de cette famille, Saïdi Iangoulbaïev, a fait carrière dans les services d'enquête et les organes judiciaires de la République tchétchène, puis a rejoint la Cour suprême de Tchétchénie. Et pourtant, ses fils, Aboubakar et Ibrahim, postaient sur les réseaux sociaux des articles sur l'histoire de la Tchétchénie, les violations des droits de l'homme, et critiquaient les dirigeants de la république. En novembre 2015, le père et les deux fils furent convoqués par Ramzan Kadyrov à son domicile. Ils y furent violemment battus et forcés de lécher leur sang sur le sol. Après quoi, Aboubakar et son père furent libérés, tandis qu'Ibrahim était retenu dans le sous-sol des locaux de la police locale durant encore six mois. Aboubakar n'a pas cessé ses critiques cinglantes, puis il est devenu l'avocat du Comité contre la torture. À partir de la fin de 2021, nombre de ses proches ont commencé à disparaître en Tchétchénie, près de cinquante personnes au total, puis son appartement de Piatigorsk a été perquisitionné. Le père et les deux fils ont quitté la Russie pour se réfugier à l'étranger. Les forces de sécurité tchétchènes ont alors enlevé leur épouse et mère, Zarema Moussaïeva, fabriqué contre elle une affaire d'escroquerie et la maintiennent en prison encore aujourd'hui. Le sort des autres proches d'Aboubakar est inconnu.

L'opération spéciale des *siloviki* tchétchènes dans une région de la Fédération de Russie aussi éloignée de la Tchétchénie n'est pas un fait inhabituel, ils procèdent régulièrement à des enlèvements dans tout le pays : un an plus tôt, toujours à Nijni Novgorod, la police tchétchène avait arrêté deux frères, Magamadov et Issaïev, l'un homosexuel, l'autre transgenre. En septembre 2020, c'est Salman Tepsourkaïev, modérateur de la chaîne Telegram tchétchène « 1ADAT », qui était enlevé à Guelendjik, dans le territoire de Krasnodar ; en mai 2021, c'était le tour d'une autre personne LGBT, le Daghestanais Ibrahim Selimkhanov, d'être enlevé près de la station de métro Novoguireïevo à Moscou. Cependant, le rapt de Zarema Moussaïeva a eu un écho particulièrement retentissant, au point que le porte-parole du président Poutine, Dmitri Peskov, s'est trouvé contraint de le commenter. Il a d'abord qualifié l'histoire de « fantaisiste », avant de revenir sur ses propos, et finalement – après les déclarations de Kadyrov selon lesquelles la famille Iangoulbaïev « trouverait sa place en prison ou sous la terre » et, en cas de résistance lors de son arrestation, devrait être « anéantie » – de qualifier tout cela d'« opinion personnelle » du citoyen Kadyrov. La lâcheté de Peskov confirme le fait évident que la Tchétchénie jouit d'une totale immunité sur le territoire de la Fédération de Russie, qu'elle est exclue du champ constitutionnel et juridique russe et même hors de portée des critiques de Poutine.

Sous Ramzan Kadyrov, la Tchétchénie s'est transformée en un khanat où se multiplient les exécutions, la torture et la terreur. Le rapport du département d'État américain sur les violations des droits de l'homme en Russie de mars 2021 fait état d'une vingtaine de cas majeurs en Tchétchénie, notamment d'exécutions extrajudiciaires massives, dont celles de personnes LGBT, pratiquées par les autorités locales, ainsi que de disparitions forcées et d'actes de torture commis par des agents du maintien de l'ordre dans des prisons secrètes. Le rapport cite également des meurtres en dehors de la Tchétchénie et de la Fédération de Russie auxquels seraient mêlés des hommes de Kadyrov, tels les assassinats d'Imran Aliev en France, en janvier 2020, et de Mamikhan Oumarov en Autriche, en juillet de la même année[1]. Le journal russe *Novaïa Gazeta* a maintes fois évoqué les atrocités commises en Tchétchénie, par exemple, l'exécution extrajudiciaire en 2017 de vingt-sept personnes prétendument impliquées dans l'attaque d'un poste de police à Grozny en décembre 2016 : avant de mourir, les suspects furent cruellement torturés et forcés de prêter serment à l'État islamique devant une caméra. Mais les autorités tchétchènes ne se bornent pas à tuer les ennemis de Kadyrov – elles terrorisent également leurs familles et incendient les maisons de leurs proches.

Tous ces crimes ont lieu sur le territoire de la Tchétchénie et au-delà de ses frontières sans aucune réaction des autorités fédérales. Même l'assassinat politique le plus retentissant de l'histoire de la Russie moderne, celui du principal opposant politique Boris Nemtsov sous les murs du Kremlin le 27 février 2015, n'a pas été entièrement élucidé alors que tous les indices conduisent aux plus hauts dirigeants de la Tchétchénie. Le tribunal s'est limité, pour la forme, à désigner et punir les exécuteurs du crime, mais les véritables commanditaires n'ont pas été identifiés : les représentants du Comité d'enquête et du FSB de Russie n'ont même pas été autorisés à quitter l'aéroport de Grozny quand ils se sont rendus en Tchétchénie pour les besoins de l'instruction.

Les *siloviki* biélorusses jouissent d'une immunité similaire sur le territoire russe. Depuis la répression brutale des manifestations d'août 2020 en Biélorussie, ils recherchent les opposants au régime d'Alexandre Loukachenko qui se sont exilés en Russie : jusqu'à présent, plus de vingt opposants ont ainsi été arrêtés et renvoyés en Biélorussie ; certains d'entre eux, comme le journaliste de l'édition biélorusse de la *Komsomolskaïa Pravda* Guennadi Mojeïko, ont été enlevés et conduits à Minsk, d'autres, comme l'ancien enquêteur Andreï Ostapovitch, laissés à la frontière de la Biélorussie, un sac sur la tête et un énorme poids attaché à la main, afin que les officiers du KGB biélorusse viennent le récupérer. Ces opérations de *siloviki* biélorusses ont lieu en dehors de toute légalité et, de fait, constituent une atteinte à la souveraineté de la Fédération de Russie.

Dans l'ensemble, la Biélorussie ressemble à la Tchétchénie dans la mesure où elles ont toutes deux instauré une dictature d'une extrême brutalité qui terrorise la population et viole largement les droits de l'homme. Depuis 1994, au cours des presque trente ans de règne de Loukachenko en Biélorussie, nombre de ses opposants et anciens compagnons d'armes ont disparu (Viktor Gontchar et Anatoli Krassovski, Iouri Zakharenko, Iouri Korban et bien d'autres). Le pays compte plus de mille prisonniers politiques, parmi lesquels presque tous les dirigeants de l'opposition et les rivaux de Loukachenko aux élections (Viktor Babaryko, Maria Kolesnikova, Sergueï Tikhanovski). La peine de mort y est appliquée : plus de quatre cents personnes ont été exécutées depuis 1990. À la suite des manifestations de 2020, des dizaines de milliers de personnes sont passées par les tristement célèbres centres de détention provisoire de Jodino et d'Okrestina, où nombre d'entre elles ont été torturées.

Dans ce contexte, il est pertinent d'évoquer les régimes semi-criminels des régions de Donetsk et de Lougansk occupées par la Russie et de la Crimée annexée en 2014. Dans ces « républiques populaires » autoproclamées, on confisque les biens, on fait disparaître les individus, on pratique largement les détentions illégales et la torture dans les terrifiants sous-sols de la police et de la sécurité de l'État, on rafle les hommes dans la rue pour les envoyer au front. En Crimée, territoire que la Russie considère comme sien, un régime juridique spécial a également été mis en place, qui a conduit à l'arrestation de centaines de personnes ; journalistes et militants politiques y sont persécutés, tout comme les Ukrainiens restés sur place et surtout les Tatars de Crimée qui, de fait, sont les victimes d'une véritable épuration ethnique. Finalement, il s'est formé au sud de la Russie une ceinture de régimes arbitraires allant de la Tchétchénie et des républiques non reconnues du Caucase (Abkhazie, Ossétie du Sud) jusqu'à la Biélorussie en passant par les régions de Donetsk, de Lougansk et par la Crimée.

S'en détachent deux régimes ouvertement terroristes : ceux de la Tchétchénie et de la Biélorussie, la première membre de la Fédération de Russie, l'autre de l'Union de la Russie et de la Biélorussie. Ces deux territoires ignorant l'État de droit et gouvernés par la répression, comparés même au régime autoritaire et policier de la Russie, semblent être des caricatures (on dit même parfois qu'ils défient le Kremlin), mais ils ne le sont en rien. Ils sont en réalité solidement intégrés dans le système politique de la Fédération de Russie à titre de « réserves » ou, plus précisément, de « zoos de la terreur ». Ils paraissent imprévisibles et incontrôlables, mais sont en fait soutenus par la métropole (il est question de dizaines de milliards de dollars), ils connaissent clairement les limites de ce qui est permis et savent d'où proviennent l'argent et les ressources. Ce sont des polygones de cruauté exemplaire, telles les arènes de la Rome antique où les lions déchiraient les premiers chrétiens. L'indifférence (dans le cas tchétchène) ou la bienveillance (dans le cas biélorusse) que le pouvoir russe manifeste quand leurs forces de sécurité opèrent sur son territoire confirment qu'elles font bien partie de la machine terroriste politique russe.

On prétend que la résidence de Ramzan Kadyrov à Grozny (plus vaste que le palais d'Hiver de Saint-Pétersbourg) abrite un zoo peuplé de lions, de tigres et de crocodiles. Il joue le même rôle d'intimidation pour les opposants au régime que celui que la Tchétchénie et la Biélorussie elles-mêmes jouent dans le système politique russe – des zoos de la terreur, qui parfois s'en vont en tournée dans les rues des villes russes et un jour sortiront des frontières de la Russie.

UN GÉNÉRATEUR D'ENTROPIE

Le président russe est connu pour être un professionnel du travestissement de la vérité, mais il se montre parfois d'une franchise surprenante. Fin 2021, lors d'une réunion du collège du ministère des Affaires étrangères, il a déclaré que les actions de la Russie suscitaient « une certaine tension » en Occident et que l'objectif de la politique russe était de « maintenir [l'Occident] dans cet état aussi longtemps que possible ». Peut-être, sans le vouloir, Vladimir Poutine a-t-il ainsi défini l'essence et la méthode de sa politique étrangère : maintenir la tension à l'extérieur des frontières de la Russie. Autrefois les dirigeants soviétiques parlaient, même si c'était de manière rhétorique, de détente internationale, aujourd'hui le président du pays utilise la tension comme instrument principal de sa politique.

Quelques jours après cette déclaration, l'un des principaux idéologues du Kremlin, l'ancien conseiller du président Vladislav Sourkov a développé de manière créative la pensée de son patron dans un article intitulé « Où est passé le chaos ? Déballer la stabilité ». Il y affirme que la Russie doit devenir « exportatrice de chaos » : selon lui, l'entropie qui s'est accumulée dans le pays doit être

« exportée pour être utilisée en terre étrangère ». Et dans un manifeste sur la politique étrangère intitulé de manière significative « La tempête mondiale et le courage russe », l'analyste pro-Kremlin Sergueï Karaganov avance que la Russie devrait mener une offensive psychologique, en promouvant cette même imprévisibilité, ce même goût du risque, autrement dit le « courage russe » patenté. La Russie, en somme, se positionne comme une force adaptée à une ère de chaos grandissant, et comme l'un des générateurs de ce chaos.

La crise du soft power russe

Ces déclarations sont la preuve d'une faiblesse stratégique : incapable d'assurer la paix, la coopération et la stabilité, la Russie se spécialise dans la production de tension, comme moyen de s'affirmer, de rehausser son statut international et d'intimider ses rivaux. Le problème du pays, c'est qu'il a perdu avant 2020 presque tous les attributs de son *soft power*[1]. Les formes classiques d'exportation culturelle russe, qui remontent à la seconde moitié du XIXe siècle et comprennent au XXe siècle la triade soviétique art, sport et science, se sont érodées au cours des dernières décennies. Et bien que les chefs-d'œuvre immortels comme les romans de Tolstoï ou les symphonies de Tchaïkovski soient toujours une carte de visite pour la Russie, la culture contemporaine russe est peu représentée sur la scène mondiale. Quant aux personnalités de renommée internationale, telles que le réalisateur Andreï Zviaguintsev, l'écrivain Vladimir Sorokine, le metteur en scène d'opéra Vladimir Tcherniakov ou le chef d'orchestre Vladimir Iourovski, ils vivent et travaillent en dehors de la Russie.

Un autre attribut traditionnel du *soft power* soviétique et russe, l'exploit sportif, s'est trouvé également dévalué ces dernières années. À la suite d'une série de scandales, notamment la divulgation de la gigantesque machine à dopage mise en œuvre par Moscou lors des jeux Olympiques d'hiver de 2014 à Sotchi, le CIO a exclu l'équipe russe des jeux Olympiques de 2016 à Rio, de ceux de 2018 à Pyeongchang et de 2021 à Tokyo.

De manière analogue, le troisième aspect du *soft power* soviétique, les acquis de la science et de la technique, y compris les programmes spatiaux et nucléaires les plus avancés, les progrès de la physique et des mathématiques, appartient essentiellement au siècle passé. Au cours des trente années qui se sont écoulées depuis l'effondrement de l'Union soviétique, la Russie a perdu une grande partie de son potentiel scientifique et se classe à présent au 47ᵉ rang de l'indice mondial de l'innovation. Au cours de ces trois décennies, seuls trois Russes ont remporté des prix Nobel, dont deux pour des découvertes effectuées à l'époque soviétique. Pas un seul lauréat du prix Nobel ne vit actuellement en Russie.

À titre d'exemple, on peut signaler le programme spatial russe qui repose sur des technologies des années 1960-1980. Elles demeurent fiables, mais sont de plus en plus dépassées et coûteuses, en totale perte de vitesse face aux entreprises privées : SpaceX d'Elon Musk, qui emploie huit mille personnes, bat en efficacité la société Roscosmos et ses deux cent quarante mille employés. En 2024, la Station spatiale internationale (ISS) n'existera plus – son exploitation devait prendre fin en 2015, mais elle a été prolongée à deux reprises – et il n'y aura plus de présence permanente russe dans l'espace. Ainsi, après trois décennies, ne reste-t-il rien ou presque des ressources traditionnelles du *soft power* russe que sont la culture, le sport, les sciences et les techniques[2].

Exporter la peur

Il apparaît néanmoins qu'il reste à la Russie une autre composante de son *soft power*, invisible et étroitement liée à ses ressources culturelles et historiques : la peur. La Russie est une rivale de l'Occident depuis des siècles (on se rappelle les bivouacs cosaques sur les Champs-Élysées en 1814 et les divisions de chars soviétiques en Europe centrale entre 1945 et 1994) et s'est changée en une menace existentielle profondément ancrée dans la mémoire collective des pays de l'Ouest. Le politologue norvégien Iver Neumann, dans une étude devenue un classique, a surnommé la Russie « l'Autre constitutif de l'Europe[3] », tandis que le philosophe germano-russe Boris Groys, appliquant le paradigme de la psychanalyse aux relations entre la Russie et l'Occident, a émis l'idée que la Russie était comme le subconscient de l'Occident, son « ça » informe où ont été refoulés les traumatismes, le sentiment de menace et la peur[4].

La Russie d'aujourd'hui ne peut s'enorgueillir de la puissance militaire dont disposait l'Union soviétique ni prétendre être aussi présente sur la scène internationale, mais elle peut toujours jouer sur les craintes inscrites dans la mémoire collective de l'Europe. Au reste, la conscience de masse américaine se souvient nettement de la menace communiste du temps de la guerre froide : « Les Russes arrivent ! » Consciente de l'effet produit, la Russie manie habilement ces peurs ancestrales en lançant des opérations spéciales à l'étranger de manière sélective. Empoisonnements d'opposants politiques et de transfuges, tentatives d'ingérence dans les élections de divers pays, attaques de hackers et d'« usines à trolls » contre les sites web et les réseaux sociaux – chaque fois, les représentants officiels ont nié toute implication de la Russie, mais il existe un fort consensus dans l'opinion publique occidentale sur le fait que les autorités russes sont derrière ces opérations. On a vu naître l'image toxique d'une menace omniprésente et invisible susceptible de surgir en tout lieu et à tout moment sans être identifiée ni punie. Cette toxicité est une nouvelle version de la « menace russe » classique, une version qui est très efficace dans un monde d'hybridité, d'incertitude et de risque, et représente une composante importante du *soft power* de la Russie. Aujourd'hui, il s'agit non plus de s'attirer des amis, mais d'effrayer ses rivaux.

Agents du chaos

Ainsi, ce n'est pas la puissance économique, militaire ou diplomatique, ni l'attractivité du modèle social, ni le potentiel scientifique ou d'innovation, mais la tension, l'imprévisibilité et le chaos qui sont devenus les derniers atouts d'une puissance nucléaire, laquelle fait sans cesse monter les enchères dans un jeu de confrontation avec l'Occident.

À partir du milieu des années 2000, le régime poutinien est resté en état de guerre larvée, non déclarée, contre l'Occident : une guerre inventée par le régime même, mise en forme par la propagande, étayée par l'idéologie militariste et la mythologie de la Victoire, et soutenue par des budgets militaires croissants. Que cette guerre fût imaginaire ne la rendait pas moins présente et dangereuse, et suivant la logique du Kremlin, elle devait se terminer par une guerre réelle que la Russie gagnerait forcément, selon les préceptes des aïeux.

Pendant longtemps, ce fut une stratégie d'approche asymptotique de la ligne de conflit et un difficile exercice d'équilibrisme, consistant à exporter le chaos et à créer des zones de tension. Cela s'est traduit par la prolongation des conflits et par la création de « zones insalubres » le long du périmètre méridional et occidental de la Russie, composées de territoires toxiques – de l'Abkhazie et de l'Ossétie du Sud en passant par la Crimée, le Donbass et la Transnistrie – jusqu'à ce nouveau foyer de chaos qui a pris forme en Biélorussie, où le régime terroriste d'Alexandre Loukachenko fait, depuis plusieurs années, chanter l'Europe en menaçant de laisser passer des flots de migrants ou de suspendre le passage du gaz et du pétrole sur son territoire, ainsi que le transit routier. La Biélorussie est devenue un territoire pilote pour la Russie, un modèle politique : Loukachenko a été le premier à mettre en place une dictature autoritaire, le premier à déclencher un régime de répression de masse, et il donne désormais à Moscou une master-class sur la manière de générer des tensions et de provoquer le chaos à sa frontière pour forcer l'Europe à dialoguer. Des exemples semblables sont donnés au Kremlin par Kim Jong-un à l'est, et par le régime de Téhéran au sud.

Des agents du chaos russe sont envoyés dans le monde entier pour tenter d'y créer des tensions : des empoisonneurs du FSB et du GRU qui attentent à la vie d'Alexandre Litvinenko et de Sergueï et Ioulia Skripal sur le territoire britannique ; des mercenaires de la compagnie militaire privée Wagner qui se livrent à des provocations en Syrie, en Libye et en République centrafricaine ; des espions qui provoquent l'explosion de dépôts de munitions dans le village tchèque de Vrbětice en 2014 et organisent une tentative de coup d'État au Monténégro en 2016 ; des hackers membres des cyberforces du Kremlin qui attaquent l'infrastructure critique et les serveurs du Parti démocrate aux États-Unis, et des sponsors qui financent les partis d'extrême droite européens, le Rassemblement national en France et Alternative für Deutschland en Allemagne ; des correspondants de Russia Today qui propagent en Europe de fausses informations sur le coronavirus ou encore des hooligans amenés de Moscou pour susciter des affrontements lors du Championnat d'Europe de football à Marseille en 2016...

En novembre 2021, le ministère de la Défense russe a mis le chaos sur orbite : en abattant maladroitement un vieux satellite soviétique dans le cadre d'un essai d'intercepteur à ascension directe, les militaires ont créé un nuage de mille cinq cents débris, qui menace désormais tous les astronautes, y compris ceux de l'ISS, dont l'équipage a même dû une fois corriger la trajectoire et se préparer à être évacué.

Début 2022, quand la Russie a commencé à concentrer ses troupes à la frontière avec l'Ukraine, se préparant à une guerre à grande échelle, la production de chaos et de risques a pris une nouvelle dimension. Moins de deux semaines plus tard, l'« exportation de tension » dont Vladimir Poutine parlait à la fin de l'année 2021 se transformait en exportation de mort.

II.

UNE CROISADE POUR LA MÉMOIRE

LA KOLYMA SOUS LES MURS DU KREMLIN

Une crise d'identité

Près de sept années se sont écoulées depuis l'ouverture du parc Zariadié à Moscou, à deux pas du Kremlin. Ce parc s'est fondu dans le paysage moscovite, il est devenu une destination populaire sinon obligée pour les touristes, et sa passerelle en porte-à-faux au-dessus de la Moskova est sans doute aujourd'hui le site de la capitale le plus prisé pour prendre des selfies. Zariadié est un projet de prestige pour le pouvoir, car les alentours du Kremlin constituent un territoire sacré, aussi Vladimir Poutine lui-même a-t-il honoré de sa présence l'inauguration des lieux en 2017. Le président a trouvé le temps de s'y rendre (à pied, peut-être, car il n'y a guère plus de deux minutes de marche depuis ses bureaux), mais pour ma part, je n'avais même jamais eu l'idée d'y aller, n'ayant pas trop le goût des foules de badauds et de touristes. L'occasion cependant a fini par se présenter : un vieil ami de Londres, qui avait travaillé en Russie dans les années 1990 et n'y était pas revenu depuis plus de vingt ans, est arrivé à Moscou, et j'ai décidé de l'y amener pour que l'on découvre ensemble cette merveille d'urbanisme.

C'était une journée maussade de début d'automne, le ciel au-dessus du Kremlin était bas, le vent charriait des lambeaux de nuages. À l'entrée du parc, nous avons mis des masques, comme les mesures sanitaires l'exigeaient, et, à tout hasard, des gants. Le parc était bondé et bruyant, une foule explorait ce site complexe, voué à représenter la diversité des zones climatiques de la Russie, escaladait buttes et rochers, les visiteurs se hélaient et se figeaient dans des poses fantaisistes pour être pris en photo. Dans la partie supérieure du parc, il y avait un endroit où l'on avait visiblement tenté d'imiter un paysage de toundra, quand on sait que les deux tiers du territoire russe sont recouverts de pergélisol. Le feuillage des bouleaux nains bruissait faiblement, un *Pinus pumila* se serrait contre terre, une timide végétation se hissait vers le ciel de septembre. Les pelouses, en dépit des clôtures en corde, étaient sillonnées de sentiers grossièrement tracés par les pas des promeneurs, çà et là se dessinaient des trappes de béton et surgissaient de terre des bouches d'aération cyclopéennes, tuyauteries remontant du tréfonds des enfers. Tout près poussait un bouquet de sapins, craintivement blottis les uns contre les autres au milieu de ce chaos. Des haut-parleurs dissimulés dans leurs branchages faisaient entendre les trilles d'un rossignol. Entre ces fragments de nature et de civilisation, des gardes masqués de noir allaient et venaient, des ouvriers en gilet jaune s'affairaient, toujours occupés à nettoyer quelque chose. On se serait crus sur le chantier d'une nature en vrac à la veille du jour de la création, où n'étaient encore ni harmonie ni beauté, mais seulement confusion et désordre.

Nous sommes descendus vers le quai du Kremlin, un endroit censé représenter un paysage typique de la Russie centrale : un étang qui semblait tout droit sorti d'un roman de Tourgueniev, des saules tentaculaires et une plage envahie de roseaux. En contrebas, sur le quai, à quelques pas de nous, s'éternisait un de ces embouteillages habituels qui empoisonnent l'atmosphère. Après avoir fait la queue pour y accéder, nous sommes montés sur la passerelle, et là, debout au-dessus des eaux brunes de la Moskova, j'ai réalisé que cette structure formant un coude était comme une métaphore de l'ensemble du parc – magnifique mais absurde car ne menant nulle part, une plate-forme pour selfies avec en arrière-plan les principaux symboles du pouvoir russe : le Kremlin et la cathédrale du Christ-Sauveur. Après tout, au lieu de cette sorte de balcon, un vrai pont aurait pu franchir ici la rivière jusqu'au quai Raouchskaïa et à l'ancienne centrale électrique datant de la fin du XIXe siècle, la GES-1, mais l'incomplétude délibérée de la passerelle ne fait que souligner le caractère artificiel et illusoire du parc entier.

Pour terminer, nous nous sommes assis sur les marches de l'amphithéâtre en plein air abrité par la coupole argentée qui domine la colline, telle une étrange soucoupe volante, et avons dégusté l'« authentique » glace à la vanille soviétique remplissant un gobelet en gaufrette, achetée à un stand ambulant au design rappelant les années 1960*. Les haut-parleurs, au lieu des trilles de rossignol, diffusaient des chants soviétiques. En contrebas s'étendait une scène vide, derrière elle se dressaient les buissons et les arbres malingres d'une toundra forestière, à travers les branches étiolées desquels, comme en un tableau postapocalyptique, on distinguait les dômes de Saint-Basile-le-Bienheureux et les murs du Kremlin dans la troublante lumière du soleil

* L'un des signes de la nostalgie soviétique véhiculés par la propagande russe est le souvenir de la crème glacée soviétique, « la plus délicieuse au monde ».

couchant. Je me suis souvenu d'une blague qui circulait à Leningrad dans les années 1930, durant la Grande Terreur, une devinette qui demandait quel était le plus haut bâtiment de la ville. La bonne réponse était : « La "Grande Maison", perspective Liteïny [autrement dit le siège du NKVD], puisque, de là, on peut voir la Kolyma. » Aujourd'hui, la Kolyma a été transportée sous les murs du Kremlin. « Que penses-tu de tout cela ? » ai-je demandé à mon ami londonien. Il a haussé les épaules et répondu : « On dirait une crise d'identité. »

Paysage colonial

Au milieu du XVIIe siècle, sous le règne du tsar Alexis Ier, un éléphant fit son apparition dans les douves de la forteresse du Kremlin, creusées le long de la place Rouge et qui étaient presque toujours à sec. C'était un cadeau du shah de Perse Abbas II. Le pachyderme ne vécut pas longtemps : le froid vint, et, comme le disent les anciennes chroniques, « l'olifant trespassa ». Le parc Zariadié, c'est cet éléphant, le caprice d'un seigneur, un cadeau consenti par le tsar : des paysages d'ailleurs, des plantes importées, des concepts empruntés et plaqués sur ce lieu. Clone de l'architecture globale, de la High Line de New York notamment : c'est la même agence d'architecture, Diller Scofidio + Renfro, qui a conçu le parc Zariadié et dessiné le jardin suspendu de Manhattan.

Le problème du parc Zariadié, c'est que le projet ne s'intègre ni dans son contexte ni dans son environnement. Il est « anti-environnemental », comme diraient les designers et les architectes. Le parc Zariadié est l'héritier du concept moderniste et désuet de panoptique et d'attraction, de l'idée coloniale d'appropriation de l'espace. Il est né dans un contexte de « colonialisme intérieur » et de « domination de la nature » : cet espace emblématique a été choisi au cœur même de la ville pour qu'y soit installé un objet fantastique, allogène, pour tout dire déplacé – à la gloire du pouvoir et pour l'amusement du public.

Pourtant l'ancien faubourg de Zariadié recèle une foule de trésors cachés – archéologiques (c'était autrefois une zone commerçante, avec des quartiers chinois, juif, tatar, allemand, où se trouvaient un temple protestant et deux synagogues, dont la Grand-Rue menait aux quais de la Moskova) autant que naturels. Qu'aurait-il coûté d'y aménager un classique jardin moscovite aux allées ombragées, planté d'essences endémiques : tilleuls, chênes, bouquets de lilas… ? Au lieu de cela, on a opté pour un concept colonial, une reproduction des différentes zones climatiques de l'Eurasie (de la steppe au marécage et à la toundra) exhibées avec un faste tout impérial : vaste est le pays où je suis né* !

L'idée impériale domine le parc, étouffant l'esprit du lieu – la très ancienne histoire de Moscou et les paysages naturels de Russie centrale. Et cette incapacité à préserver, exploiter et exposer ses propres concepts en se contentant de la « poussière d'étoiles » de l'architecture internationale révèle un provincialisme inéluctable, un « culte du cargo » russe. Nous ne sommes universels que lorsque nous produisons nos propres formes, originales et inédites (par exemple, l'avant-garde russe, qui s'est inspirée du *loubok* et de l'icône russe), et provinciaux lorsque nous empruntons celles des autres. Le parc Zariadié est un exemple type d'un tel provincialisme.

* Premier vers d'une chanson patriotique soviétique, *Le Chant de la Patrie* [*N.d.T.*].

Nostalgie de l'empire

Mon ami et moi sommes restés dîner sur place, au « gastro-centre » situé vers le milieu du parc. Nous sommes passés devant le restaurant Voskhod, un bâtiment d'inspiration soviétique, nommé ainsi en l'honneur de la fusée de Iouri Gagarine. Derrière la vitrine, des hommes au teint rougeaud avaient tombé la veste et, arborant tous la même chemise blanche, mangeaient des steaks et buvaient du vin dans des verres ballons, sous l'œil d'un serveur figé. Nous avons préféré aller à côté. Nous y avons découvert un espace postmoderne digne d'un décor de Terry Gilliam. Il y régnait le même kitsch colonial : des lianes tropicales pendaient du plafond, dans un coin un *plov* mijotait au fond d'un chaudron, dans un autre, des pinces de homard dormaient sur de la glace, un peu plus loin, près d'un samovar, un colporteur en chemise russe traditionnelle vendait *baranki* et *kalatchi**.

Nous nous sommes installés sous un hachoir à viande de couleur rouge haut comme deux étages, à une table qui visiblement représentait la toundra – on voyait, sous la plaque de verre qui la recouvrait, un chaos de mousses fourmillant d'insectes et de vermisseaux –, et nous avons commandé des spécialités des peuples de l'URSS, des raviolis de l'Oural aux tourtes ossètes, le tout arrosé de vin de la péninsule de Taman, de cidre de Saint-Pétersbourg et de gnôle dite maison. Des panneaux en plastique portant des

---

* Le *plov* est un plat traditionnel ouzbek, mêlant riz, oignons, carottes, agneau et cumin. Les *baranki* sont des anneaux de pâte levée d'abord ébouillantés puis passés au four, les *kalatchi* des sortes de brioches en forme de couronne tressée [*N.d.T.*].

noms de villes soviétiques se balançaient en l'air : Toula, Grozny, Minsk, Karaganda, les clients se faisaient volontiers prendre en photo avec ces toponymes familiers en arrière-plan.

C'est là, au restaurant, que j'ai enfin compris que Zariadié incarnait la nostalgie impériale, la commémoration funèbre d'un pays perdu qu'on cherchait à recréer dans ce hachis indigeste. Le projet du parc Zariadié est colonial par essence : il expose et exotise l'espace russe, sa nature et ses paysages, ses gastronomies et ses délices, dans un étrange mélange de mondialisme et de provincialisme, d'architecture internationale et d'esthétique soviétique. Et en ce sens, il montre bel et bien la crise d'identité, le désarroi et le vide dans lesquels nous vivons aujourd'hui : les concepteurs du parc, de façon inconsciente, ont livré une copie exacte de notre époque.

UN MONUMENT AU RESSENTIMENT RUSSE

Au bout d'un an, je m'y suis habitué et je ressens même de la compassion pour lui : un bonhomme plus tout jeune, assez corpulent, se tient campé debout sur un îlot en plein milieu du boulevard que l'on appelle la ceinture des Jardins, séparé des passants par le flot ininterrompu de la circulation, écrasé par l'immense et sombre gratte-ciel de la Sberbank qui se dresse derrière lui, pareil aux tours du Mordor dans *Le Seigneur des anneaux*. Il brandit maladroitement un fusil-mitrailleur, qu'il prend soin de tenir écarté de son torse, comme quelqu'un qui la nuit, ayant entendu un bruit dans le jardin, vient de sortir sur le perron de sa datcha, un fusil entre les mains, et sans plus bouger jette autour de lui des regards inquiets. On a planté derrière lui une énorme boule de granit, représentation du globe terrestre, estampillée d'une collection de kalachnikovs. Au pied du monument, un bouquet d'œillets se languit, solitaire, les visiteurs sont rares, le monument sent la mélancolie, la solitude, la mort.

La Russie traverse une « époque mémorielle » : les guerres de la mémoire et les batailles au sujet des monuments remplacent les élections et le débat politique, la société se perd en controverses sur les statues du prince Vladimir*, d'Ivan le Terrible, du buste de Staline dans l'allée des dirigeants à Moscou, mais même dans ce contexte de mémorialisation totale des dirigeants et des généraux russes, le monument à Kalachnikov se démarque des autres. Il est à la fois maladroit et déplacé sur la ceinture des Jardins, et en même temps répond à la logique de ce qu'est devenue la Russie : monument non pas à un homme et à un fusil, mais à la Russie moderne, monument le plus important des années 2010, et peut-être de tout le troisième mandat de Poutine. Avec lui, la Russie, après avoir bouclé la boucle en sa 27e année de transition postsoviétique, après avoir surmonté la tentation de la mondialisation, de la démocratie et de l'abondance du marché, revient à une idée aussi simple qu'un claquement de culasse : la formule « kalachnikov ».

L'idée originelle du monument est d'être primitif. Comme tout ce qui représente la Russie – la vodka, la matriochka, la chapka –, la kalachnikov est simple et sans prétention. Et comme les autres, elle n'a pas été inventée par les Russes : la vodka, *aqua vitae*, a été importée en Russie par des commerçants génois au XIVe siècle, la matriochka, apparue à la fin du XIXe siècle, est une version modifiée d'une poupée japonaise représentant Fukurokuju, dieu de la richesse, et la chapka, plus précisément *ouchanka* en russe, est un hybride du *malakhaï*, le bonnet de la Horde d'Or et du « chapeau Nansen » norvégien.

De même, la kalachnikov a été empruntée aux Allemands : en 1946, le légendaire armurier allemand Hugo Schmeisser, créateur du fusil d'assaut Sturmgewehr StG-44, qui devait

* Vladimir Sviatoslavovitch (958-1015) : grand-prince de Kiev, sous le règne duquel la Russie a embrassé le christianisme. Un monument en son honneur a été érigé près des portes du Kremlin en 2016.

servir de base à la nouvelle arme soviétique, fut emmené de force de Thuringe en URSS en même temps qu'un groupe important de ses semblables. En 1947-1948, l'arme allemande fut modifiée, de manière à la simplifier et à en réduire le coût, par l'astucieux sergent et ingénieur Mikhaïl Kalachnikov, fort de sa débrouillardise paysanne et de son sens de la parcimonie (il était le dix-septième enfant d'une famille qui en comptait dix-neuf, dont seulement huit survécurent), donnant ainsi naissance au célèbre AK-47 soviétique.

Le résultat fut un fusil d'assaut basique et fiable, fabuleusement bon marché, fait d'acier estampé et de contreplaqué, sorte de symbole de la ruse et de l'ingéniosité du soldat russe, ayant emporté la victoire sur la technologie supérieure de l'ennemi. Avec son boîtier de culasse on peut ouvrir une conserve de ration militaire, avec sa crosse creuser une tranchée et ramer dans l'eau, on peut l'utiliser dans le sable et même parfois se passer de le nettoyer. Le journal *Libération* a qualifié l'AK d'invention la plus importante du XXe siècle, laissant loin derrière elle les armes atomiques et la technologie spatiale. Et dans la liste des « 50 produits qui ont changé le monde » du magazine *Playboy*, l'AK occupe la quatrième place, derrière le Macintosh d'Apple, la pilule contraceptive et le magnétoscope de Sony.

Mais il est une différence qui donne à réfléchir : si les trois premières inventions ont contribué à libérer l'être humain – l'ordinateur et le magnétoscope ont conduit à la révolution de l'information en en démocratisant l'accès ; la pilule contraceptive à la révolution sexuelle, en dissociant reproduction et plaisir sexuel, permettant aux femmes de ne plus être des machines à faire des enfants –, le fusil d'assaut Kalachnikov, quant à lui, devenu l'arme légère la plus répandue dans le monde (15 % du marché), a accompagné une révolution d'un autre genre : la croissance explosive des

« marchés de la violence » et des conflits de basse intensité. Les kalachnikovs sont bricolées dans des ateliers de fortune à Hérat en Afghanistan et à Peshawar au Pakistan. Goran Bregović lui a dédié une chanson. C'est l'arme de prédilection des barons colombiens de la drogue et des pirates somaliens. Le prénom « Kalash » est donné aux premiers-nés dans les familles paysannes d'Afrique centrale. L'AK est représenté sur les armoiries du Zimbabwe et du Timor oriental, ainsi que sur le drapeau du Mozambique.

En Russie, c'est un objet culte, auquel sont consacrés des films, des livres et des cours d'histoire. Mikhaïl Kalachnikov lui-même a été, pendant des décennies, une icône nationale, invité d'honneur des réunions du présidium et des cérémonies officielles, lieutenant général et député à vie du Parlement soviétique, le Soviet suprême. Son fusil d'assaut fait partie de l'univers de tout citoyen soviétique : à l'école, on l'étudiait lors les cours de formation militaire de base, dès l'âge de 12-13 ans, et chaque établissement possédait plusieurs modèles de démonstration. Le démontage et l'assemblage de l'arme obéissaient à des critères stricts : pour réussir l'épreuve, l'élève devait effectuer ces deux opérations en une minute et savoir en outre nommer correctement toutes les pièces du fusil. Je me souviens encore des mots « garde-main » et « pontet », dont j'ai oublié aujourd'hui le sens exact. Pendant le service militaire par lequel est passée la majorité de la population masculine de Russie, la kalachnikov devenait le principal compagnon du conscrit pendant deux ans et elle constitue toujours une part importante de la symbolique russe : la silhouette de l'AK orne les autocollants apposés sur les lunettes arrière des voitures, on s'en sert d'avatar sur les réseaux sociaux, on se la tatoue sur l'épaule. La propagande patriotique l'évoque fièrement comme d'une contribution russe à la civilisation mondiale (plus de 100 millions d'unités en ont été vendues), et lors de la cérémonie d'inauguration du monument à Kalachnikov, le ministre de la Culture de l'époque, Vladimir Medinski, a qualifié l'arme de « marque culturelle russe ». Comme l'a fait remarquer l'écrivain Viktor Erofeïev : « C'est comme si les Français qualifiaient la guillotine d'"éducateur national de sentiments". »

D'une certaine manière, la kalachnikov est la réponse de la Russie à la mondialisation. Il y a un quart de siècle, la Russie essayait de s'y intégrer, d'ouvrir ses frontières, d'apprendre, de s'insérer dans les institutions internationales, envisageant même d'adhérer à l'Union européenne et à l'OTAN, mais dans les années 2000, elle a stoppé ce mouvement, et depuis 2014, avec l'annexion de la Crimée et l'occupation du Donbass, elle s'est résolument engagée dans la direction opposée. Le pays a échoué à faire face à la complexité du monde moderne. Il a abandonné le parc technologique de Skolkovo, qui prétendait à devenir la Silicon Valley russe, ainsi que l'École supérieure d'économie, une université moderne aspirant à figurer parmi les cent meilleures au monde, et le rêve de créer un smartphone ou une voiture électrique russes. La Russie a tout laissé tomber et en est revenue au scénario de base des siècles passés : la mobilisation, la guerre et le fusil d'assaut Kalachnikov.

Le monument de la ceinture des Jardins, c'est une stèle funéraire posée sur la tombe d'un autre projet raté de modernisation de la Russie, l'expression de la jalousie d'un élève relégué au fond de la classe, un symbole de provincialisme et de périphéricité, qui la place au même rang que d'autres pays incapables de s'inscrire dans la mondialisation, vouant eux aussi un culte à la kalachnikov. Un monument au ressentiment russe qui peut encore resurgir sous les formes les plus inattendues et les plus effrayantes.

AINSI PARLAIT JIRINOVSKI

Le patriarche de la politique russe, Vladimir Jirinovski, est mort. Il était loin d'être le plus vieux, seulement 75 ans – l'âge de la maturité sur l'Olympe russe –, loin d'être le plus titré, mais il était certainement l'un des piliers de l'ère postsoviétique. C'est d'ailleurs lui qui, de façon grotesque, formula le programme du revanchisme devenu doctrine officielle de la Russie dans les années 2020, et lui encore qui devint le parrain du fascisme russe lorsque celui-ci prit toute son ampleur avec le déclenchement de la guerre contre l'Ukraine.

Le 8 avril 2022, l'office funèbre à la cathédrale du Christ-Sauveur en présence du président Poutine (ou d'une personne lui ressemblant) a définitivement canonisé le défunt comme homme politique clé des trente dernières années. Il avait lui-même prédit de telles funérailles, bien des années avant sa mort, comme il avait prédit beaucoup de choses en général, y compris, à deux jours près, le début de la guerre contre l'Ukraine, et ce don prophétique ne témoigne pas tant de l'étendue de son pouvoir d'information que de son infaillible intuition du *Zeitgeist*, de cet esprit du temps, qu'il avait lui-même contribué à forger.

Jirinovski avait commencé sa carrière comme trouble-fête du mouvement démocratique, envoyé, disait-on, par le KGB au sein de l'opposition sous l'étiquette d'abord du Parti social-démocrate, puis du Parti libéral-démocrate. Comme il était prévisible, la démocratie et le politicien caudilliste qu'il était n'ont pas fait bon ménage. Grâce à un flair exceptionnel, il a alors mis le doigt sur un thème qui devait les conduire lui au triomphe, et la Russie, au bout du compte, à l'effondrement : lors de la première élection présidentielle de l'histoire de la Russie, en 1991, il a déclaré de manière inattendue « mettre la question russe au premier plan » : « Cent cinquante-cinq millions de Russes se trouvent dans la position la plus humiliante, la plus offensante ! C'est la nation sur laquelle on crache le plus ! » C'est ainsi que son étoile a commencé à monter : il est arrivé troisième de cette élection, avec près de 8 % des voix. Quant aux législatives de 1993, le Parti libéral-démocrate les remporta avec 23 % des voix, ce qui suscita une exclamation épique de la part du journaliste libéral et ancien député Iouri Kariakine qui, alors, régnait sur les esprits : « Russie, reviens à la raison, tu perds la boussole ! »

Cette même Russie « déboussolée », dont les hérauts de la perestroïka ne voulaient pas connaître l'existence et qui aujourd'hui fusille, torture, viole et pille à Boutcha, Hostomel et Marioupol, est devenue le fief électoral de Jirinovski pour de longues années. L'épine dorsale de son électorat était composée d'hommes d'âge moyen ou mûr, d'habitants de zones périurbaines, de régions défavorisées, de petites villes, dotés d'un faible niveau d'éducation et d'un capital social modeste, au passé militaire ou criminel : ceux qui avaient le plus souffert des réformes, ceux qui étaient en colère contre le monde de la liberté et la mondialisation, les nostalgiques du passé soviétique. Ils n'étaient pas une force dominante en Russie, que ce fût en matière électorale ou démographique, mais ils représentaient ce *heartland* social, celui des « mecs des garages* », que l'idéologue du Kremlin Vladislav Sourkov appellerait plus tard le « peuple profond ». Jirinovski s'est mis à leur parler leur langage, révélant leurs points sensibles, leur donnant une langue et une voix, légitimant le ressentiment confus qu'ils nourrissaient contre la vie, pour construire ainsi son capital politique. Il était loin des incantations intellectuelles du nationalisme russe, livre de prières à la main et barbe piquée de débris de chou, et de la lugubre détermination des néonazis, avec leurs crânes rasés et leurs phalanges meurtries lors des « marches russes** » – mais il avait le don de proférer à la tribune des paroles qui semblaient alors taboues, indécentes, marginales, réservées aux cuisines, aux débits de boisson et à ces fameux garages. Grâce à lui, ces paroles sont entrées dans le discours public, dans le langage politique, et sont finalement devenues le discours du pouvoir.

Les quatre cavaliers de l'Apocalypse

Jirinovski a légitimé quatre éléments majeurs du fascisme russe. Le principal est la rancœur sur laquelle se fonde le

---

* Le phénomène des « garages » est propre aux banlieues en Russie : ils sont constitués de rangées de box destinés aux voitures des habitants des immeubles environnants. Habitués à entretenir eux-mêmes leurs véhicules, beaucoup de Russes y passent la plupart de leur temps libre, de sorte que les garages se transforment en « club social » et même en communauté urbaine, tandis que naissent à côté de véritables ateliers et « économie de garage ».

** Défilés organisés régulièrement par les nationalistes et les « fascistes » russes [*N.d.T.*].

difficile complexe moral qu'est le ressentiment. Nietzsche appelait ressentiment la « morale des esclaves », la jalousie du perdant, la haine impuissante de l'esclave à l'égard de son maître, qu'il tient pour responsable de ses échecs. Jirinovski a commencé à parler du ressentiment avant même que la politique s'en empare. Au contraire, au début des années 1990, l'élite politique et économique était plutôt euphorique face aux perspectives qui s'offraient, à la plasticité de la réalité et à la possibilité de la modifier du jour au lendemain. Il y avait des OPA hostiles, des faillites, des gens qui avaient faim, il y avait une forte criminalité dans les rues et des conflits ethniques à la périphérie du pays, mais on accusait plutôt le passé soviétique et son système gangrené, tandis qu'on voyait dans l'Occident un modèle et un avenir civilisationnels. Dans ces années-là, une large partie de la population n'avait aucune rancœur contre le monde extérieur, mais plutôt le désir de s'y rallier.

Jirinovski a été le premier à parler publiquement de l'offense et de l'humiliation subies par la Russie. Je me souviens de ma surprise quand j'ai vu pour la première fois l'énorme affiche électorale du LDPR – Parti libéral-démocrate de Russie – à Moscou : « Pour les Russes, pour les pauvres ! » J'ai alors pensé : mais en quoi les Russes sont-ils pauvres ? Comparée à l'Asie centrale, à la Moldavie, à la Biélorussie et à l'Ukraine, la Russie semblait être un îlot de prospérité, elle attirait les investissements, bâtissait son propre capitalisme de mauvais goût et séduisait les migrants. Pourtant Jirinovski s'employait habilement à forger une histoire de perdants, et vers le milieu des années 2000, l'ensemble de l'élite politique commençait déjà à parler du ressentiment russe – et c'est alors, en 2005, qu'on a entendu les premières lamentations de Poutine sur « la plus grande catastrophe géopolitique du XXe siècle » : l'effondrement de l'URSS.

Le deuxième élément du burlesque fasciste de Jirinovski est né, lui aussi, du ressentiment : il s'agit du revanchisme impérial. « Je relèverai la Russie mise à genoux ! » pouvait-on lire sur son affiche électorale de 1993, avec une bonne quinzaine d'années d'avance sur l'un des principaux slogans de Vladimir Poutine. Le thème de la restauration de l'URSS traverse comme un fil rouge ses discours : « Nous adressons notre souhait à toutes les anciennes républiques soviétiques : vous êtes parties faire un tour, ça suffit. Il est temps de rentrer à la maison. » Quelques décennies plus tard, ces déclarations scandaleuses ont réapparu avec le plus grand sérieux dans les déclarations de Poutine sur les « cadeaux du peuple russe » aux autres républiques de l'Union soviétique, qui doivent lui être restitués.

Le troisième cavalier de l'Apocalypse selon Jirinovski est l'expansionnisme. L'une de ses citations les plus célèbres est celle sur le soldat russe qui lavera ses bottes dans l'océan Indien. Le propos est apocryphe, et notre héros l'a (mollement) renié, mais qu'il en soit ou non l'auteur, il a bel et bien appelé à une « Dernière Ruée sur le Sud », comme le souligne le titre de son livre, et à bombarder Bagdad, Tbilissi, Istanbul, pour réaliser le vieux rêve impérial de « bouclier aux portes de Constantinople* ». Et là encore, Poutine a suivi ses indications dans sa politique étrangère en direction du sud : guerre en Syrie depuis 2015, tensions constantes avec la Turquie, intervention des forces russes en Libye et en République centrafricaine.

Enfin, le quatrième élément est la xénophobie. Jirinovski haïssait tout le monde : le Caucase, qu'il avait promis d'entourer de barbelés ; l'Ukraine, qu'il ne considérait

* Citation du « Chant d'Oleg le Sage » de Pouchkine, faisant écho au vieux rêve russe de posséder Constantinople.

pas comme un État, appelant à s'emparer de Sébastopol dès les années 1990 ; les migrants ; les Juifs, qu'il accusait d'attiser l'antisémitisme. C'est aux libéraux, au multiculturalisme et à la tolérance de l'Occident qu'il s'en prenait tout particulièrement – et il était surprenant d'entendre cela de la bouche d'un extraverti, d'un comique, d'un demi-Juif et d'un bisexuel amateur de vestes rouges ou jaune canari, invariablement accompagné d'une suite d'éphèbes : il aurait pu être un objet de haine parfait pour les « mecs des garages », mais au lieu de cela, il formulait, à leur place et à leur intention, leur rejet de tout ce qui était nouveau, tape-à-l'œil, étranger.

Ce discours dissonait dans l'atmosphère de tolérance et de pluralisme des années 1990, mais il est devenu dominant à l'époque de plus en plus archaïque de Poutine, avec son chauvinisme, son militarisme, son orthodoxie, ses « agrafes » et son homophobie. Cultiver la haine de l'Autre est devenu le fondement de la politique intérieure et d'un nouveau contrat social. Au cours du troisième mandat de Poutine, après la défaite du mouvement de protestation de la place Bolotnaïa en 2012, cette haine s'est muée en un outil essentiel du pouvoir, ce qui permet de parler de mise en forme définitive du fascisme en Russie. Au cours de la dernière décennie, le rôle de l'Autre a incombé, à tour de rôle, aux étrangers qui souhaitaient adopter un enfant russe, aux personnes LGBT, aux féministes, aux libéraux, à la « cinquième colonne », aux falsificateurs de l'histoire, à « nos partenaires occidentaux », comme les dirigeants russes appellent ironiquement l'Occident, les États-Unis et les « Anglo-Saxons » (terme soudainement apparu dans le vocabulaire de la propagande russe, comme sorti des pages de la presse hitlérienne), à l'inoffensive République tchèque, inopinément incluse dans la liste des principaux ennemis de la Russie, et à la fière Pologne, coincée comme un os dans la gorge des mentors de la « politique historique ». Enfin, exactement comme Jirinovski l'avait prédit, l'ennemi n° 1 est devenu l'Ukraine.

Les historiens du futur sauront probablement reconstituer comment et quand l'Ukraine s'est emparée de l'imagination paranoïaque de Vladimir Poutine. Fut-ce lors du premier Maïdan*, en 2004, lorsque les « révolutions de couleur » embrasaient le périmètre de l'empire, ou pendant le second, en 2013 ? Faut-il y voir un traumatisme d'enfance enfoui, ou la jalousie adulte d'un mari méprisé et abandonné ? Toujours est-il que les Ukrainiens sont devenus pour lui ce que les Juifs étaient pour Hitler : une épine plantée dans son tableau de l'univers. Tous ses récents articles pseudo-historiques, toutes ses déclarations brûlantes de mépris et de haine pour l'Ukraine, témoignent de ce qu'il a décidé de passer à la « solution finale de la question ukrainienne ». À mesure qu'on découvrait de nouvelles preuves des atrocités commises par l'armée russe dans les territoires temporairement occupés de l'Ukraine, il est devenu clair qu'il ne s'agissait pas d'une orgie d'ivrognes ni d'excès commis par des exécutants, mais d'une terreur planifiée dans laquelle étaient impliquées la société militaire privée Wagner et des unités punitives spécialement entraînées, que la destruction par des bombardements de villes entières d'Ukraine et de leurs habitants n'était pas due à une confusion d'objectifs, mais à une intention criminelle. Pourtant, en menant ce génocide en Ukraine sous nos yeux, Poutine ne fait

* Maïdan Nezalejnosti (« place de l'Indépendance », en ukrainien) : une des grand-places de Kiev, où en 2004 puis en 2013-2014 se sont rassemblés des centaines de milliers de manifestants, conduisant chaque fois à une révolution et à un changement de régime.

que suivre les préceptes de son père spirituel Jirinovski, si prompt à lancer des bombes atomiques dans ses discours incendiaires.

Attention : postmoderne !

Et c'est là que se pose la question essentielle : comment la Russie, pays doté d'une classe urbaine progressiste, d'une sphère publique développée, de médias longtemps restés libres, d'une expérience historique de la violence et d'une grande sensibilité à la parole, a-t-elle pu, durant trente années, observer sans réagir la naissance, la formation et l'institutionnalisation d'un fascisme des plus authentiques, des plus élémentaires ? Pourquoi les invectives xénophobes de Vladimir Jirinovski ont-elles été cataloguées comme comiques et non traitées comme des infractions pénales ?

La réponse réside probablement dans le fait que le nouvel autoritarisme russe, et par la suite la dictature fasciste, est né au sein du postmodernisme des années 1990. Dans un contexte culturel fin de siècle, après la chute du mur de Berlin puis de l'empire du Mal soviétique, qui tous deux se révélèrent de carton-pâte, avec sa « fin de l'histoire » et son « monde sans frontières », ses citations de Derrida (« il n'y a pas de hors-texte ») et de Baudrillard (« la guerre du Golfe n'a pas eu lieu »), ses romans de Vladimir Sorokine et de Viktor Pelevine, la politique russe s'est façonnée comme un jeu où il est impossible de prendre la ruine et la mort au sérieux.

C'est sur cette toile de fond que le théâtre politique de Vladimir Jirinovski est devenu possible. La société éclairée le regardait avec un mélange d'horreur et d'admiration, comme elle lisait, par exemple, les romans du marquis de

Sade avec leurs tortures édifiantes, les pièces du « théâtre de la cruauté » d'Antonin Artaud, les histoires physiologiques de Jean Genet, tout cela était alors en train d'entrer dans la sphère culturelle. Beaucoup aimaient la facilité avec laquelle Jirinovski franchissait les limites, l'habileté avec laquelle il travaillait sur des sujets tabous et l'art avec lequel il esthétisait la violence. On peut parler ici du rôle destructeur que le postmodernisme, accueilli avec un enthousiasme provincial, a joué dans la conscience vierge de la Russie en justifiant l'interdit (les bas instincts de la foule), en brouillant le jugement moral (il est gênant de parler d'éthique si tout n'est qu'un jeu). Il a fait entrer dans l'arène politique les figures les plus grotesques du néoconservatisme et du néostalinisme : d'Alexandre Douguine et Alexandre Prokhanov à Edouard Limonov* et Vladimir Jirinovski – tout le monde danse au bal postmoderne de Satan** !

D'autre part, les *siloviki* et, de plus en plus, le Kremlin ont sollicité la bouffonnade de Jirinovski. Ils y voyaient un instrument utile pour canaliser le ressentiment, le radicalisme de droite et le protofascisme, pour les marginaliser dans le cirque ambulant de l'homme politique (celui-ci prenait plaisir à parcourir le pays en train, rassemblant des foules dans les villes et les villages ; dans la capitale, il aimait intervenir près de la station de métro Sokolniki, prononçant des monologues de plusieurs heures sur la situation internationale, à la manière de Fidel Castro). Il a recueilli ses 10 à 15 % des voix en occupant un créneau électoral, celui du

* Alexandre Douguine est un philosophe ultra-conservateur ; Alexandre Prokhanov un publiciste néostalinien ; Edouard Limonov était un écrivain non conformiste qui glorifiait la violence et le fondateur du Parti national-bolchevique, quasi fasciste.

** Référence à la scène du bal de Satan dans *Le Maître et Marguerite* de Mikhaïl Boulgakov.

Parti libéral-démocrate (ses 23 % aux élections législatives de 1993 sont restés son heure de gloire inégalée), qui ne cessait de se réduire chaque année.

Dans le même temps, les *siloviki* lançaient une véritable chasse à ceux qui, dans ce champ, étaient prêts à une action politique réelle : les nationalistes et les radicaux de droite. Pendant que Jirinovski divertissait la foule de ses frasques, le FSB et le ministère de l'Intérieur, y compris le Centre « E », le Centre de la lutte contre l'extrémisme, débarrassaient totalement l'échiquier politique de l'extrême droite pour ensuite s'en prendre à d'autres formes d'activisme. Après la brutale dispersion de la manifestation de la place Bolotnaïa, ils entreprirent de se concentrer sur le segment libéral, les « citoyens en colère » et autres nombreuses formes de mobilisation civique. Lancés dans la traque aux radicaux réels comme imaginaires, les *siloviki* ont donné naissance à un autre type de radicalisme, bien plus effrayant et richement financé : une machine de terreur d'État qui ne sait rien faire hormis combattre les « Autres », à savoir les homosexuels, les libéraux, les islamistes, les Témoins de Jéhovah*, qui constituent la base de son alimentation. Le fascisme a mûri là où on ne l'attendait pas. Un nouveau personnage est entré dans l'arène politique nettoyée : le tchékiste orthodoxe, un livre d'Ivan Iline entre les mains**. Une ère politique radicalement différente a commencé, celle dans laquelle nous vivons aujourd'hui.

---

* En Russie, les Témoins de Jéhovah, considérés comme une secte, sont interdits, presque tous leurs adeptes purgent de longues peines de prison.

** Ivan Iline (1883-1954) : philosophe, monarchiste et slavophile russe. Dans l'émigration, il a soutenu le fascisme mussolinien. Ses œuvres auraient influencé l'idéologie de Vladimir Poutine.

Un nouveau Frankenstein

Le fascisme grotesque de Jirinovski, créé par les services de sécurité de l'État, alimenté par le Kremlin, et que ni la société civile ni les systèmes politique et judiciaire n'ont cherché à contenir, est devenu une routine politique, il s'est transformé en discours du pouvoir et a reçu le soutien d'une machine répressive et coercitive. Les idées de revanche impériale, combinées à un appareil policier et à une puissance militaire encore renforcés au cours des vingt dernières années, ont engendré un monstre de Frankenstein : le fascisme d'État. C'est le « nouveau fascisme » dont parle Judith Butler : d'une part, il légitime la « liberté de haïr », d'autre part, il prend appui sur le ressentiment afin d'éveiller chez les citoyens un sentiment de grandeur nationale blessée. Les porte-voix officiels de la propagande diffusent aujourd'hui les idées exprimées il y a longtemps par Jirinovski – qui aujourd'hui leur servent à justifier le meurtre des Ukrainiens. Les lubies délirantes de l'excentrique politicien – revanche sur le reste du monde, restauration de l'URSS, anéantissement de l'Ukraine – ne sont plus de simples simulacres, de simples figures rhétoriques servant d'instruments politiques, les voilà changées en missiles Iskander ou Totchka et en bombes à sous-munitions qui pleuvent sur les villes ukrainiennes.

Jirinovski lui-même n'a pas vu le triomphe de ses folies : contaminé par le coronavirus au début du mois de février 2022 et atteint de pneumonie, il a été placé sous respirateur, puis, au tout début de la guerre contre l'Ukraine, le 26 février, plongé dans un coma artificiel. Son existence biologique ultérieure est entourée de conjectures et de rumeurs : certains affirment qu'il a repris conscience, lu les nouvelles et même « travaillé sur des dossiers », d'autres prétendent qu'il est mort le 25 mars sans être sorti du coma et que son corps a été conservé à la morgue pendant deux semaines avant d'être présenté à Poutine pour un dernier adieu – car personne, ni vivant ni mort, n'aurait osé approcher le souverain sans avoir observé quatorze jours de quarantaine. Cette divergence des versions complotistes est bien en accord avec la figure comique du défunt : « L'annonce de ma mort était une exagération », comme disait Mark Twain.

Les adieux ostensiblement personnels et même intimes de Vladimir Poutine à Jirinovski – même la garde d'honneur fut éloignée de la salle – ont une fois de plus souligné le rôle unique joué par le défunt dans la vie du président : la dernière fois que Poutine s'était laissé aller à des adieux aussi sincères, c'était pour l'enterrement de son premier entraîneur de judo, Anatoli Rakhline, à Saint-Pétersbourg en août 2013. Nous pensions que Jirinovski était le bouffon préféré du tsar, mais il était aussi son mentor, son maître, son *sensei*. Le corps du chef du Parti libéral-démocrate a été décontaminé et enterré au cimetière de Novodievitchi, mais le virus du fascisme et l'œuvre de Vladimir Jirinovski perdurent. En fait, nous vivons tous aujourd'hui dans le monde postapocalyptique qu'il avait imaginé.

UNE VICTIME POUR LE 9-MAI

La peur des fêtes

Je me suis surpris à éprouver un sentiment bizarre : voilà maintenant dix ans que je redoute les fêtes nationales et les célébrations officielles russes, sachant que le pouvoir en profite toujours pour commettre des méfaits d'une ampleur inégalée. Je crains avant tout les élections et les référendums. C'est maintenant la troisième fois qu'avant un cycle électoral on intensifie les persécutions contre les médias, les observateurs, les candidats et les militants de l'opposition, qu'on ajoute la répression à la falsification de manière que le scrutin se déroule dans une atmosphère de contrôle absolu. Le Nouvel An est aussi une zone à risque : c'est avant les départs en vacances, dans l'agitation qui précède les fêtes, que la Douma d'État, sans laisser le temps à personne de réagir, adopte généralement son lot de lois particulièrement abominables, comme la « loi Dima Iakovlev » du 28 décembre 2012, qui interdit l'adoption d'orphelins russes par des étrangers.

En temps de guerre, les fêtes prennent un caractère particulièrement sinistre. En 2022, j'attendais avec un mauvais pressentiment le 23 février*, supposant que ce jour-là la Russie lancerait une offensive pour transformer la Journée du défenseur de la patrie en Journée de l'envahisseur de l'Ukraine. Je ne me suis trompé que d'un jour : la guerre a éclaté au petit matin du 24 février. Le 12 avril, je craignais que la Russie ne célèbre la Journée de la cosmonautique** par une salve de missiles tactiques Grad, Totchka et Iskander sur les villes ukrainiennes. Et puis j'ai attendu avec anxiété le 9 mai***, pensant que ce jour-là Poutine voudrait organiser un défilé du Jour de la Victoire sur le nazisme imaginaire et peut-être même exhiber sur la place Rouge une colonne de soldats ukrainiens capturés – on avait bien organisé une procession de prisonniers de guerre ukrainiens à Donetsk en août 2014, avec une arroseuse roulant derrière eux pour effacer leurs traces, de la même manière, exactement, qu'on avait forcé des prisonniers allemands à défiler à Moscou en juillet 1944****.

Le Jour de la Victoire a connu une évolution vertigineuse dans la Russie poutinienne. De « fête, les larmes aux yeux***** », comme c'était le cas au début de ce siècle, l'événement s'est mué peu à peu en spectacle militaro-patriotique,

* Journée de l'Armée rouge, fête célébrée depuis 1918, et rebaptisée dans les années 1990 Journée du défenseur de la patrie [*N.d.T.*].

** Journée de la cosmonautique, célébrée en l'honneur du vol spatial de Iouri Gagarine le 12 avril 1961 [*N.d.T.*].

*** Le Jour de la victoire sur l'Allemagne nazie est fêté en Russie le 9 mai et non le 8, le second acte de capitulation réclamé par Staline ayant été signé à Berlin le 8 mai 1945 à 23 h soit le 9 mai à 1 h du matin à Moscou.

**** Le 17 juillet 1944, on fit défiler dans les rues de Moscou soixante mille soldats et officiers allemands capturés, des camions d'arrosage fermant la marche.

***** « Une fête, les larmes aux yeux » : vers extrait du chant militaire soviétique *Le Jour de la Victoire*.

en particulier lorsque le ruban de Saint-Georges* est apparu au début des années 2000. Dans les années 2010, il s'est transformé en une machine symbolique géante. C'est avec cette date du 9 mai que l'État poutinien a trouvé son point d'ancrage, son mythe fondateur. Il ne trouve pas son origine en 1917, année de la révolution d'Octobre, ni en 1991, année de l'effondrement de l'URSS et de l'émergence d'une Russie souveraine, ni même en 1999, année de l'arrivée au pouvoir de Poutine, mais en 1945, à l'apogée de la puissance de l'URSS de Staline, lorsque l'Armée rouge, forte de quinze millions d'hommes, occupait le centre de l'Europe, et que Staline se partageait le monde avec les autres puissances victorieuses. Poutine se prend probablement pour le généralissime représenté sur la toile du peintre de cour Fiodor Rechetnikov – Staline en tunique militaire, debout devant une carte dépliée, crayon rouge entre les doigts et compas à portée de main – alors qu'il ressemble bien davantage au dictateur de Charlie Chaplin dans cette célèbre scène où Hynkel, perdu dans son rêve, ôte un globe terrestre de son support et joue à le faire tourner sur son doigt.

Le 9-Mai a contaminé toute une période de l'histoire, il s'est transformé à la fois en culte mémoriel et en guide d'action. Il est révélateur qu'au même moment, au milieu des années 2000, on ait vu apparaître sur les voitures des autocollants vantards montrant la faucille et le marteau en train de violer la croix gammée, avec pour légende : « On peut le refaire. » (Inutile de préciser ce que ce culte du

* Le ruban noir et jaune, qui était à l'origine le ruban de l'ordre de la croix de Saint-Georges, décoration militaire de l'Empire russe, est devenu aujourd'hui un symbole de la victoire de la Russie lors de la Seconde Guerre mondiale et le principal insigne d'un nouveau patriotisme.

viol a donné à Boutcha et à Irpin.) Le Jour de la Victoire est devenu le prisme à travers lequel la Russie observe le monde, tout en lui exposant ses griefs, ses complexes, son sentiment d'agression et son ressentiment. La fête s'est changée en une liturgie sans fin, en une expérience extatique du passé, qui s'est substituée pour la population à un présent sans attrait.

Le culte des morts

Au cours des vingt dernières années, le 9-Mai a acquis tous les attributs d'un culte religieux. Au centre de cet univers symbolique se dresse le monstrueux temple de la Victoire du parc « Patriote » près de Moscou, qu'on croirait copié sur les décors de *Star Wars* ou sorti d'une bande dessinée gothique : sombre, menaçant, érigé en plein champ au milieu de parterres de gazon à l'inquiétante symétrie. En essayant de représenter l'idée de la guerre éternelle, ce sanctuaire du militarisme bascule dans le pathos, le comique et le kitsch. En l'honneur du culte de la Victoire, on organise des marches du « Régiment immortel », qui évoquent des processions religieuses, avec portraits de héros de la Grande Guerre patriotique en guise d'icônes. À l'origine initiative citoyenne de la chaîne de télévision locale TV2 de la ville de Tomsk, en Sibérie, ce rituel a rapidement été récupéré par l'État et transformé en une manifestation bureaucratique, à laquelle les fonctionnaires des entreprises et institutions publiques sont tenus de participer en brandissant des portraits stéréotypés de héros de guerre inconnus. On y croise d'ailleurs d'autres héros : les staliniens exhibent des images de leur idole moustachue, et lors de l'une de ces marches, on a pu voir la procureure de la Crimée annexée par la Russie, Natalia Poklonskaïa, porter une icône du tsar Nicolas II.

Les portraits des héros finissent par prendre en effet des airs d'icônes. Sur Internet, on peut voir un dessin animé de propagande réalisé par le mouvement antiavortement : une jeune fille téléphone à son petit ami pour lui annoncer qu'elle est enceinte et le garçon lui suggère d'avorter. La jeune fille réfléchit, et à cet instant, le portrait d'une infirmière militaire du « Régiment immortel » accroché au mur s'adresse à elle, telle une « icône parlante » de quelque hagiographie : « Ne te fais pas avorter, tu engendreras un fils, un soldat ! » Ensuite, le père disparaît de l'intrigue, la jeune fille accouche, devient mère célibataire et, quelques années plus tard, se rend avec son fils au défilé du Jour de la Victoire.

La mythologie des héros de la Victoire ne correspond pas toujours à la réalité et relève d'une foi aveugle. On connaît le cas des fameux « vingt-huit héros de Panfilov », vingt-huit soldats de la 316e division d'infanterie commandée par le général Panfilov qui auraient arrêté à eux seuls une division de chars allemands à la gare d'évitement de Doubossekovo durant la bataille de Moscou en décembre 1941, et qui sont devenus par la suite les principaux martyrs du culte soviétique rendu aux héros de la guerre. L'enquête menée par le parquet militaire dès novembre 1947 a révélé que l'un des héros « morts au combat » s'était constitué prisonnier au printemps 1942 avant de servir dans l'armée allemande, et a conclu que toute cette belle légende, certes inspirée de faits réels survenus dans la région, avait été fabriquée par un correspondant du journal militaire *Krasnaïa Zvezda* en janvier 1942. Néanmoins, le mythe a acquis sa propre logique, il est entré dans le canon patriotique soviétique, on a baptisé des rues et des écoles en l'honneur de ces héros, on leur a érigé des monuments. Et lorsque le directeur des Archives d'État de Russie, Sergueï Mironenko, évoqua en 2015 des falsifications avérées de longue date, il fut aussitôt accusé d'insulter la mémoire. Le ministre de la Culture de l'époque, Vladimir Medinski, lui répondit que le mythe qui avait inspiré des générations de Soviétiques était plus important que les faits historiques eux-mêmes. Sergueï Mironenko fut rapidement démis de ses fonctions.

Le culte pénètre dans les masses, grossi par des rituels que certains qualifient avec mépris de « victoiremania » : les gens décorent tout ce qui leur tombe sous la main avec le ruban de Saint-Georges, symbole de la Victoire, des bouteilles de vodka posées sur la table de banquet jusqu'aux colliers des chiens, le tressent dans leurs cheveux ou le nouent en guise de cravate. On colle sur sa voiture des slogans militaires comme « À Berlin ! », « Pour la patrie, pour Staline ! », on dessine des badges montrant un char allemand détruit. On aime particulièrement déguiser les enfants, même les bébés de 1 an, avec calot, bottes et vareuse militaires, leur coller dans les mains des mitraillettes factices, repeindre leurs poussettes et leurs berceaux à l'image de chars et de véhicules blindés. De toute évidence, les enfants jouent ici un rôle particulier, donnant la plus haute distinction morale au sacrifice et à l'héroïsme. Le culte de la Victoire s'inscrit ainsi dans les cycles rituels printaniers, comme l'apparition d'une jeune pousse sur une terre morte et brûlée. Ce n'est pas une coïncidence si, dans le dessin animé évoqué plus haut, l'enfant sauvé de l'avortement accompagne sa mère au défilé du Jour de la Victoire, ou si, sur une affiche du mouvement « Pour la vie », on voit d'un côté un fœtus déclarant du fond des entrailles de sa mère : « Protège-moi aujourd'hui, et je te protégerai demain », et de l'autre le même fœtus, sans doute, devenu un jeune homme coiffé d'un casque de soldat et armé d'une mitraillette.

Au nom de la Victoire

D'objet de mémoire collective (non seulement étatique, mais aussi familiale, locale et privée), d'épisode de l'histoire vivante d'un peuple, la Victoire s'est transformée en un absolu moral irréfutable, qui interdit de critiquer l'Union soviétique, le « peuple vainqueur » et Staline, où la loi de la force est sanctifiée et où la conscience isolationniste – « nous sommes seuls contre le monde entier » – s'impose. Le culte de la Victoire est devenu une idéologie d'État, laquelle, en théorie, est interdite par l'article 13 de la Constitution de la Fédération de Russie – mais qui en Russie aujourd'hui se soucie de la Constitution ?

L'éthique se mue en lois, et au nom de la Victoire on adopte de nouvelles normes : série d'amendements réglementant la mémoire historique, lois interdisant de « comparer l'Union soviétique à l'Allemagne hitlérienne », de « nier le rôle décisif de l'URSS dans la Victoire » et de « réviser le bilan de la Seconde Guerre mondiale », délits passibles désormais de peines de prison. Au nom de la Victoire on se livre à des répressions : Alexeï Navalny a été jugé en 2021 dans une affaire forgée de toutes pièces d'« outrage à ancien combattant ». Au nom de la Victoire on entreprend des démarches de politique étrangère : rappelons-nous les tensions diplomatiques entre la Russie et la Pologne ou la République tchèque au sujet des monuments de la Seconde Guerre mondiale, les longs articles historiques de Poutine attaquant les pays d'Europe de l'Est et ses insultes à l'adresse des hommes politiques polonais des années 1940.

Désormais, au nom de la Victoire toujours, la Russie a déclenché une guerre d'agression, une guerre de conquête.

C'est là le principal et terrible résultat de la religion militariste du 9-Mai : au lieu d'honorer la Victoire comme la fin de la guerre (à l'image de la sculpture d'Evgueni Voutchetitch, *Transformons les épées en charrues*, érigée devant le siège de l'ONU à New York), au lieu de célébrer la paix, la Russie s'est mise à glorifier la guerre elle-même. Au lieu du mantra « tout sauf la guerre » scandé par les générations soviétiques d'après-guerre, la Russie a inventé le slogan revanchard « on peut le refaire » et a créé un culte sanguinaire de la guerre qui réclame des sacrifices humains.

C'est exactement ce qui s'est passé le 24 février 2022 : sous le prétexte de « dénazifier » l'Ukraine, repris des manuels d'histoire et des clichés de propagande, la Russie a provoqué la plus grande guerre qu'ait connue l'Europe depuis la Seconde Guerre mondiale. Mais en décidant de rejouer 1945, la Russie s'est trompée de rôle dans cette sanglante reconstitution historique – par ironie du sort, elle joue non pas celui des soldats libérateurs soviétiques, mais celui des envahisseurs nazis. L'histoire a accompli un cercle complet et s'est refermée sur elle-même, les vainqueurs des nazis ont fini par leur ressembler. Aujourd'hui, les véritables héritiers de la Victoire ne sont pas les occupants russes d'une terre étrangère, mais les Ukrainiens qui défendent courageusement leur patrie.

LA RUSSIE, UN PROJET RATÉ

La demi-désintégration de l'URSS

Arrivé précocement, l'hiver 1991 était glacial et neigeux comme il peut l'être en Russie. À la fin de l'année, le 25 décembre, à 19 h 35, dans la froideur du soir, à la lumière des projecteurs traversée de quelques flocons de neige, le drapeau rouge de l'Union soviétique fut descendu du dôme du premier bâtiment du Kremlin, résidence des présidents de l'URSS et de la RSFSR, et le drapeau rouge-bleu-blanc de la Russie hissé à sa place. L'effondrement de l'URSS se produisit sans qu'on s'en aperçût, avec une simplicité et une banalité presque offensantes, pareil à la fin peu glorieuse de l'Empire russe, décrite par le philosophe Vassili Rozanov dans le recueil *L'Apocalypse de notre temps*, publié immédiatement après la révolution de 1917 :

> L'antique Rus' s'est éclipsée en deux jours. Tout au plus en trois. Même *Novoïé Vremia** n'a pu être fermé aussi vite que

* *Notre temps* : journal populaire publié à Saint-Pétersbourg de 1868 à 1917. Il fut fermé par les bolcheviks au lendemain de la révolution d'Octobre [*N.d.T.*].

l'a été la Russie. Il est étonnant qu'elle se soit effondrée d'un coup tout entière, jusque dans les détails, dans les moindres parties. Et, à dire vrai, jamais un tel choc ne s'était encore produit, sans excepter les « Invasions barbares ».

Tout s'est répété soixante-quatorze ans plus tard. Même le journal *Pravda* n'a pu être fermé aussi rapidement que l'Union soviétique – État factice, en carton-pâte, qui ne faisait plus peur à personne en cette rude soirée de décembre. Venait l'heure des grandes simulations : celle du marché, de la démocratie, du libéralisme, du pouvoir. L'Union a éclaté en quatorze États indépendants, prospères et accomplis à des degrés divers, et en une puissance imaginaire qui avait cessé d'être un empire, sans pour autant devenir une nation. Successeure légale de l'URSS, la Russie en a hérité non seulement les armes nucléaires et un siège permanent au Conseil de sécurité de l'ONU, mais aussi l'esprit impérial, l'étendue géographique, les ambitions géopolitiques et les complexes psychologiques. Dans le monde postcolonial, à l'issue d'un siècle qui avait vu le déclin des plus grands ensembles impériaux de la modernité – les empires ottoman et austro-hongrois en son début, le Troisième Reich et l'Empire japonais en son milieu, et les empires britannique, français et néerlandais en sa seconde moitié –, elle est restée un immense territoire eurasien, figé dans le pergélisol et dans son propre passé, tel un gigantesque fossile.

La brève rémission impériale, marquée par le retrait de la Russie de l'Europe centrale et orientale et des zones de confrontation géopolitique du monde entier, ainsi que par le défilé des souverainetés régionales en son sein même (on se souvient du fameux « prenez autant de souveraineté que vous pourrez en avaler » lancé par Eltsine aux représentants des autonomies en 1990), n'a pas duré plus de cinq ans (1990-1994) et a été interrompue par la première guerre de Tchétchénie. Au milieu des années 1990, les premiers signes de nostalgie soviétique sont apparus : le soir du Nouvel An 1996, la télévision russe diffusait triomphalement « Chansons anciennes sur l'essentiel », comédie musicale rétro dans l'esprit du cinéma stalinien, où des vedettes russes de premier plan interprétaient de vieilles chansons soviétiques dans un décor de kolkhoze de la fin des années 1940. Le téléfilm eut un tel succès que pour les quatre fêtes de Nouvel An suivantes on en produisit de nouveaux épisodes. L'URSS revenait inexorablement sous la forme d'une mythologie et d'une idéologie, du « grand style » stalinien dans le monde de la culture, et des mœurs tsaristes dans celui du Kremlin. Au cours des dix années de transition des mandats d'Eltsine, la Russie n'a pas réussi à se doter d'un nouveau style, d'une nouvelle idéologie, d'une nouvelle élite et d'une nouvelle nation : le pays est resté dans un état de profonde léthargie et dans une incertitude totale quant à son identité et à sa place dans le monde contemporain.

C'est de ce vide qu'est née la croisade néo-impériale de Vladimir Poutine. « Homme politique notoire du XIXe siècle », selon la juste expression trouvée sur le web, il a bâti son projet politique sur le retour du discours impérial comme fondement de l'identité russe. Privé de toute vision d'avenir, il a fait basculer la Russie dans le passé, offrant au pays des illusions de grandeur révolue, s'improvisant historien, publiant deux fois par an des articles sur des questions de mémoire historique. La renaissance impériale a pris racine dans les lamentations de Poutine en 2005 sur « la plus grande catastrophe géopolitique du XXe siècle » que fut l'effondrement de l'URSS, le discours de Munich de 2007, la guerre contre la Géorgie en 2008, l'annexion de la

Crimée et l'occupation du Donbass en 2014, qui ont provoqué un élan patriotique dans la société, qualifié d'« euphorie criméenne ». Parallèlement se déroulait une offensive de propagande, dont le résultat a été la création d'une véritable idéologie d'État et d'un culte quasi religieux de la Victoire, au nom de laquelle les répressions sont autorisées à l'intérieur du pays (par exemple, la liquidation de l'organisation de défense des droits de l'homme Mémorial), une rhétorique agressive contre les pays d'Europe de l'Est et des ambitions géopolitiques sur la scène internationale. L'Empire russe est recréé en esprit et en image ; dans ses rêves, Poutine se voit soit en tunique militaire blanche, pipe à la main, debout devant une carte de l'Europe, à Yalta en 1945, soit vêtu d'un élégant uniforme au congrès de Vienne en 1815, entouré de dirigeants européens et de couples de danseurs.

Cependant, après plus de vingt ans de règne poutinien, le bilan de la reconstruction de l'empire est pathétique, pour ne pas dire comique. Au lieu de rebâtir un espace postsoviétique, la Russie a annexé une ceinture toxique de territoires non reconnus survivant grâce aux subsides et à l'aide militaire russes : Ossétie du Sud, Abkhazie, régions de Donetsk et de Lougansk, Crimée, Transnistrie et à présent Biélorussie, laquelle a adopté une politique de terrorisme d'État. Cette parodie d'URSS n'apporte aucun avantage stratégique à Moscou, mais seulement un trou grandissant dans son budget, des relations tendues avec ses voisins et des sanctions de la part de l'Occident. Il n'y a pas de bonne solution en vue aux problèmes posés par ces territoires, il s'agit de conflits latents que la Russie devra assumer seule, à des coûts toujours croissants.

Un résultat plus triste encore de la politique russe est l'éloignement irrémédiable des plus proches voisins de la

Russie, éléments autrefois les mieux intégrés de l'empire, anciens détenteurs de l'arme nucléaire et signataires de l'accord de Belovej. Tout d'abord, par ses menées belliqueuses la Russie s'est aliéné à jamais l'Ukraine : avant même le début de l'agression en 2022, après l'annexion de la Crimée et huit années de guerre dans le Donbass, après les déclarations arrogantes de Vladimir Poutine et celles, désobligeantes, de l'ancien président Dmitri Medvedev, la Russie s'était déjà changée aux yeux des Ukrainiens en un Autre, face auquel une identité nationale se forge en s'opposant. C'est la même chose en Biélorussie : pour la « partie pensante » de la société biélorusse, la Russie est en train de passer du statut de voisin neutre à celui de complice du régime sanguinaire de Loukachenko, autrement dit, là encore, à celui de l'Autre pour la future nation civique biélorusse. Enfin, on voit se multiplier les controverses avec le Kazakhstan de l'après-Nazarbaïev, entre revendications territoriales outrancières formulées par les députés de la Douma d'État en 2020 et éradication de la langue russe au Kazakhstan (en témoignent les scandaleux « raids linguistiques* ») : redoutant une agression russe, le Kazakhstan a fait le choix d'une politique tournée non plus seulement vers Moscou, mais aussi vers Pékin, Ankara et Bruxelles. Tant et si bien que la Russie est aujourd'hui bien plus éloignée d'une éventuelle reconstruction de l'espace postsoviétique qu'elle ne l'était au début du règne de Poutine – et avec le déclenchement de la guerre en Ukraine, cet espace est sans nul doute pour elle définitivement perdu.

* Allusion aux « patrouilles linguistiques » organisées par des nationalistes kazakhs pour vérifier que la langue kazakhe est bien utilisée dans les institutions et les magasins de l'État [*N.d.T.*].

Un État sans nation

En Russie, l'empire a une fois de plus vaincu la nation. Et il faut le reconnaître aujourd'hui, à l'heure où la Russie subit une défaite morale, militaire et, plus largement, civilisationnelle en Ukraine : le projet de création d'une nation a de nouveau échoué en Russie. L'attaque contre l'Ukraine marque le fiasco du concept mort-né de « monde russe » : des russophones bombardent, torturent et mitraillent d'autres russophones, des églises orthodoxes brûlent tandis que des tankistes bouriates, des parachutistes daghestanais et des coupe-jarrets tchétchènes détruisent Marioupol et Kherson, villes russophones. Ce n'est pas une guerre pour la Russie, mais pour la restauration de l'empire, une guerre de vengeance contre les Ukrainiens (d'autant plus cruelle qu'ils sont considérés comme des « compatriotes », des « frères ») qui ont osé s'affranchir de la Russie et suivre leur propre chemin.

Le problème historique de la Russie est qu'elle est fondamentalement incapable de s'imaginer comme autre chose qu'un empire. Le Premier ministre de la Russie prérévolutionnaire, Sergueï Witte, aurait dit : « Je ne sais pas ce qu'est la Russie, je ne connais que l'Empire russe. » L'historien britannique Geoffrey Hosking lui fait écho en comparant les empires russe et britannique : « La Grande-Bretagne avait un empire, tandis que la Russie était un empire – et l'est toujours, semble-t-il. » Et c'est là le problème majeur : on peut soustraire à l'Empire britannique (comme aux empires français, belge, hollandais, etc.) ses colonies, son noyau, la métropole, l'État-nation, demeurera. Ce n'est pas le cas de la Russie, elle s'est colonisée elle-même (l'historien Alexander Etkind a qualifié le phénomène de

« colonisation interne »), et on ne peut soustraire des colonies à l'empire sans détruire l'État. Qu'est-ce qui doit sortir de l'Empire : l'Extrême-Orient ? La Sibérie ? Le Caucase ? Kaliningrad, l'ancienne ville allemande de Königsberg ? Et que faire des colonies intérieures turques et ougriennes de la Volga ? Et comment délimiter le noyau grand-russe ? La Russie jusqu'à l'Oural ? Jusqu'à la Volga ? Jusqu'à l'Oka, cette grande rivière qui coule au sud de Moscou ? Et si l'on ne garde que la principauté de Moscou, ce sera dans les frontières de quel siècle, sous le règne de quel tsar ?

D'où les plaintes d'un Poutine déclarant que « les frontières de la Russie ne s'arrêtent nulle part », rédigeant de longs articles sur la question nationale, empreints de venin et de rancœur, critiquant Lénine et la politique des bolcheviks envers les nationalités, qui promettaient une large autonomie aux peuples de l'empire, insultant constamment la Pologne et niant à l'Ukraine le droit d'exister. D'où les délires fiévreux d'un empire moribond : l'annexion de la Crimée, le projet de « Novorossia* », le rêve de posséder la Bessarabie, le nord du Kazakhstan, de « récupérer » les Russes des pays baltes ou encore la lointaine Alaska, terre russe vendue aux États-Unis en 1867. Comme toujours, c'est Nicolas Gogol qui a le mieux décrit ces extravagants fantasmes russes en dressant le portrait du propriétaire foncier Nozdriov, hâbleur impénitent, dans *Les Âmes mortes* : « Voici ma frontière ! dit Nozdriov : tout ce que tu vois de ce côté m'appartient ; et même par-delà la borne, ce bois qui bleuit là-bas et tout ce qui est derrière est encore à moi[1]. »

* Nom datant des XVIIIe-XIXe siècles qui désigne l'Ukraine russophone sur la rive gauche du Dniepr [*N.d.T.*].

Le tyrannosaure blessé

La Russie ne connaît pas ses frontières et s'agite, informe. Elle a perdu l'empire, mais n'est toujours pas devenue un État-nation : ni nation ethnique (le Kremlin a étouffé dans l'œuf le nationalisme russe bien avant de s'en prendre aux libéraux) ni nation civique. Elle a raté le train du *nation-building* à plusieurs reprises – au XIXe siècle, alors que l'Allemagne avec Bismarck et l'Italie avec Garibaldi montaient, elles, à son bord, au milieu du XXe, quand les plus grands empires occidentaux se sont effondrés, et à sa fin, lorsque plusieurs territoires se sont détachés de l'URSS pour naviguer seuls, comme dans l'épilogue d'*Underground*, le film d'Emir Kusturica.

L'Ukraine, à la différence de l'ancienne métropole, est devenue une nation avec ses propres symboles, avec Taras Chevtchenko et Stepan Bandera*, avec ses *vychyvanky***, si volontiers ridiculisées en Russie et si volontiers portées de Lviv à Kharkiv. En Russie, rien de cela ne s'est produit, la nation ethnique est restée une curiosité ethnographique, comme les *kokochniki**** coiffant les supporters russes lors de la Coupe du monde de football 2018 organisée en Russie, tandis que les restaurants « russes » du monde entier servent du bortsch, le pot-au-feu ukrainien, du *chachlyk*, les

* Taras Chevtchenko (1814-1861) : poète ukrainien et personnalité publique qui a jeté les bases de la langue littéraire et de la littérature ukrainiennes. Stepan Bandera (1909-1959) : homme politique ukrainien des années 1930-1950, l'un des leaders du nationalisme ukrainien pendant la Seconde Guerre mondiale. Exilé en Allemagne dans les années 1950, il y fut assassiné par un agent du KGB [*N.d.T.*].

** Chemise traditionnelle ukrainienne brodée [*N.d.T.*].

*** Haute coiffe traditionnelle des femmes russes [*N.d.T.*].

brochettes caucasiennes, et des *pelmeni*, les raviolis sibériano-chinois – des mets typiques de l'empire. La nation qu'on avait maladroitement commencé à construire en Russie dans les années 1990 a été piétinée par les bottes de la police lors de la dispersion des manifestations de protestation, écrasée en même temps que les opposants politiques et le mouvement d'Alexeï Navalny, et définitivement achevée par le déclenchement de la guerre, le 24 février 2022. Dans cette guerre, l'Ukraine a exercé son droit à être une nation et l'a payé de son sang. La Russie, elle, a perdu ce droit, elle reste un tyrannosaure blessé sur les décombres de l'empire, voué à l'extinction face au passage à une nouvelle ère géologique.

La Russie a encore à s'imaginer qu'elle n'est plus un empire, mais cela n'a été facile pour aucune des anciennes puissances coloniales. Elle aurait besoin à présent de subir une défaite notable en Ukraine pour se débarrasser de ses ambitions impériales, de son arrogance de grande puissance, de son complexe de « grand frère » et, en général, de toute illusion de fraternité avec qui que ce soit – Ukraine, Biélorussie, ou Russes de l'étranger. Tuer l'empire en soi, afin de construire sa propre nation sur des bases civiques, humaines et humanistes.

... Le roman *Telluria*, dystopie de Vladimir Sorokine, qui décrit le monde au milieu du XXe siècle, de Madrid à l'Altaï, raconte entre autres l'histoire d'une grand-mère et de ses deux petits-enfants se rendant dans un coin perdu de Sibérie pour s'incliner devant les statues « des trois dirigeants les plus implacables de la Russie, des trois valeureux chevaliers qui ont anéanti le pays-dragon ». Ils descendent du train à un arrêt, se frayent un chemin à travers la taïga et les marécages par des sentiers secrets et débouchent sur une grotte où se dressent trois idoles de pierre : « Le premier, avec son air sournois et sa barbiche, le deuxième, le binoclard qu'a une tache sur la calvitie et le dernier, au petit menton fuyant[2] » – trois grands chevaliers qui, en trois coups successifs, ont poussé dans la tombe un pays redoutable…

Nous vivons aujourd'hui le troisième acte de la tragédie de la désintégration impériale, laquelle perdure depuis plus d'un siècle. Le premier acte s'est joué en 1917, et a été suivi par la restauration stalinienne de l'empire. Le deuxième est survenu en 1991, et voici à présent le dernier, ultime comédie de la désintégration, donnant raison à Hegel pour qui l'histoire se répétait deux fois : d'abord comme tragédie puis comme farce. Nostalgique d'un passé glorieux et tout à ses efforts de restaurer les anciennes frontières, parlant de « lignes rouges » à ne pas franchir en Europe de l'Est et de droits particuliers sur l'Ukraine, Poutine ne fait qu'accélérer l'inévitable désintégration d'un empire gigantesque, encombrant et désespérément obsolète, sur les ruines duquel il appartient encore à la Russie de naître.

III.

LA GUERRE COMME IDÉE NATIONALE

APOCALYPSE ZOMBIE

En 2021 sortait sur les écrans *Babi Yar. Contexte*, un documentaire de Sergueï Loznitsa. Le réalisateur ukrainien y montrait des images d'archives de l'invasion de l'Ukraine par l'armée allemande à l'été 1941 : d'interminables colonnes de chars marqués de croix gammées, des camions, des motos, des pièces d'artillerie roulent dans la poussière, sous les yeux de paysans sombres et silencieux rangés le long des routes. Aujourd'hui, je me surprends à avoir un sentiment de déjà-vu quand je regarde les images de l'invasion russe de l'Ukraine : mêmes colonnes grises de véhicules blindés, sales, fumants, patauds, tout droit sortis, dirait-on, des actualités militaires de 1941, sauf que sur leurs flancs et leurs tourelles, au lieu d'une croix gammée, figurent bizarrement les lettres V et Z. Ces colonnes paraissent fantasmagoriques et archaïques, tels des fantômes sortis de terre, exhumés des champs de bataille de la Seconde Guerre mondiale ou même de la Première, acteurs d'une reconstitution mégalomaniaque mise en scène par un fou.

L'intérieur des véhicules est minable, parfaitement soviétique : similicuir, plastique bon marché, contreplaqué, simples bancs, talkies-walkies analogiques, conserves périmées. Les troupes souffrent de problèmes de logistique, d'approvisionnement, de communication, d'orientation – toutes les cartes datent du siècle dernier –, les colonnes se repèrent sur le terrain à l'aide des panneaux de signalisation, tombent en panne de carburant, s'enlisent dans la boue printanière, les soldats crèvent de faim et se livrent au pillage. En place de l'armée professionnelle, pimpante et modernisée que la propagande russe vante depuis de nombreuses années, en place de la marque de vêtements et accessoires militaires « Armiïa Rossii » (armée russe) – qui a développé à travers la Russie un réseau de boutiques à la mode remplies de produits dérivés, organisé des festivals de rock et commandé des clips à des rappeurs célèbres –, le monde entier a vu des troupes embarrassées, sans mission clairement définie, démoralisées et démotivées, ignorant même les objectifs de leur intervention, jetées après de simples « manœuvres » dans une guerre de conquête.

Le désespérant archaïsme qui règne dans les esprits en Russie depuis deux décennies a été mis au jour sous la forme de tyrannosaures rugissants échappés d'un sanglant *JuRussic Park*. Ces dinosaures grondent en crachant du feu, écrasent tout ce qui se trouve sur leur chemin, tirent au hasard sur les voitures civiles et les habitants qu'ils croisent sur les routes. Les blindés sont détruits par colonnes entières, des vidéos montrent des centaines d'engins calcinés, comme si toute la civilisation mécanique forgée en Russie au cours des trois cents dernières années, de Pierre le Grand à Vladimir Poutine, et aujourd'hui obsolète, devait se transformer en tas de ferraille sur le bord des routes ukrainiennes.

Les méthodes mises en œuvre dans cette guerre sont tout aussi archaïques et inhumaines : bombardement de zones résidentielles et blocus des villes ukrainiennes. Il s'agit d'un génocide et de crimes de guerre comme en a connu le XXe siècle, d'une boucherie à échelle industrielle. La tragédie de Marioupol nous rappelle des images que nous n'avions pas vues depuis quatre-vingts ans : Guernica, Coventry, Stalingrad, Dresde. Certes, depuis lors il y avait eu Grozny en Tchétchénie et Alep en Syrie (« nous pouvons nous entraîner là-bas pendant assez longtemps », disait Poutine avec un sourire cynique*), mais ces deux batailles n'avaient pas vu l'engagement d'une armée d'invasion terrestre si énorme qu'on se croirait revenu à la Seconde Guerre mondiale. Sans doute le Kremlin, en planifiant cette opération, imaginait-il quelque chose comme la guerre du Golfe menée par les États-Unis en 1991 : un blitzkrieg de haute technologie depuis les airs, le triomphe d'une civilisation supérieure. Mais le résultat est maladroit, grossier et inefficace, typiquement russe : en l'espèce la Russie ne ressemble pas à l'Amérique, ses troupes sont plutôt semblables à celles, mal entraînées et démotivées, de Saddam Hussein, ou à l'armée égyptienne abandonnant les armes fournies par les Soviétiques dans le désert du Sinaï lors de la guerre des Six Jours en 1967.

Enfin, les motifs mêmes de cette guerre sont archaïques : le traumatisme de l'effondrement de l'URSS, le ressentiment post-impérial, la jalousie d'un mari éconduit, le rêve délirant de voir renaître un « peuple uni » – tout cela se résume aux convulsions d'un empire moribond qui depuis 1917, il y a plus de cent ans, ne parvient pas à rendre son dernier souffle. La Russie moderne n'est jamais devenue une nation, mais elle est restée un fantôme, le fantôme de l'Empire

* Propos tenus par Vladimir Poutine lors d'une conférence de presse le 15 décembre 2015, en réponse à une question sur la durée de la guerre russe en Syrie [*N.d.T.*].

russe, un zombie sorti de la tombe qui titube et terrorise les vivants. Une guerre à grande échelle sous un prétexte fictif pour s'emparer du territoire d'un voisin, voilà qui est monstrueux, mais également ridicule au XXIe siècle. À croire que ses inspirateurs ont lu trop de romans historiques et de fictions à deux sous remplies de héros voyageant du passé vers le futur. L'obsession de Poutine pour l'histoire lui a joué un mauvais tour, le transformant en personnage malchanceux de la Seconde Guerre mondiale qui regarde, ahuri, autour de lui, perdu dans le monde de l'avenir.

La guerre est loin d'être terminée. Les batailles les plus féroces sont encore à venir. Mais la Russie a déjà perdu, et ce n'est pas seulement l'échec d'une opération militaire, mais une défaite civilisationnelle dans le conflit qui l'oppose à la modernité. À force de cultiver si longtemps son propre archaïsme, de protéger ses fameuses « agrafes » et ses prétendues valeurs traditionnelles, de s'adonner à des reconstitutions historiques et à des biathlons de chars de combat, d'affubler les enfants de vareuses militaires et d'entretenir le culte de la kalachnikov, elle a engendré une guerre antédiluvienne, cruelle, ridicule et inefficace, où des bataillons de chars se battent durant des semaines pour s'emparer de villages et de hameaux, au point de devenir non seulement une menace mondiale, mais aussi la risée du monde. Des colonnes de zombies se déplacent toujours sur les routes d'Ukraine et elles emporteront nombre de vies humaines dans leur sillage, mais leur temps est déjà compté : l'aube viendra, et elles retourneront d'où elles sont venues ; dans le monde des fantômes, des ombres, dans l'épaisseur de l'histoire.

LA VENGEANCE DE L'HOMME SOUTERRAIN

En Russie, l'alerte est générale : le pays est victime de la *cancel culture* ! Cette fois-ci, l'Occident voudrait interdire d'un coup toute la culture russe : les pièces de Tchekhov, la musique de Tchaïkovski, les romans de Tolstoï. Le public patriote a été particulièrement indigné par l'annulation d'un cours sur Dostoïevski dispensé par l'écrivain italien Paolo Nori à l'université de Milan-Bicocca, des affiches de propagande sont même apparues sur les murs de Moscou à cette occasion.

Mais si nous réfléchissons au sort de la culture russe, il n'est pas moins important de formuler le problème autrement : dans quelle mesure est-elle responsable de tout cet enfer, du génocide et de la terreur perpétrés en Ukraine aujourd'hui au nom du « monde russe » ? La question n'est pas vaine, car c'est justement par des prémisses historique et culturelle que les dirigeants russes justifient la guerre actuelle contre le « peuple frère » d'Ukraine.

Il y a un demi-siècle, Milan Kundera posait une question similaire. Après l'invasion soviétique de la Tchécoslovaquie en 1968, il s'était retrouvé sans emploi et un metteur en scène de théâtre de sa connaissance lui avait demandé d'écrire une adaptation de *L'Idiot* pour le théâtre. Kundera avait relu le roman de Dostoïevski et refusé : « Même si je devais mourir de faim, je ne pourrais faire ce travail. Cet univers de gestes excessifs, de profondeurs obscures, de sentimentalité agressive me répugnait... », écrivit-il bien des années plus tard dans son essai « Introduction à une variation[1] ». À titre d'exemple, l'écrivain citait une conversation dans les rues de Prague avec un officier soviétique qui expliquait l'intervention des chars en déclarant : « Nous vous aimons » et « Nous voulons vous sauver de vous-mêmes ». Kundera avouait qu'il était fatigué des profondeurs obscures de l'inconscient russe et qu'il aspirait à un rationalisme européen simple et clair, comme dans les romans de Denis Diderot.

Cet essai fut traduit en anglais et publié sous la forme d'une tribune dans le supplément du *New York Times* consacré aux livres. Un mois plus tard, les accusations de Kundera étaient réfutées avec indignation par le poète russe Joseph Brodsky en personne, dans un texte publié par le même journal, où il niait toute responsabilité dans l'impérialisme soviétique (et de fait, russe), affirmant que « les soldats ne représentent jamais la culture, encore moins la littérature : ils tiennent des fusils, pas des livres[2] ».

L'histoire se répète, et aujourd'hui la logique rationnelle est encore une fois impuissante à expliquer l'invasion russe de l'Ukraine, qui défie toute considération de bon sens, de calcul stratégique et d'intérêt économique. C'est pour cette raison que, jusqu'au dernier soir précédant les premières frappes de missiles contre l'Ukraine, nombreux étaient ceux qui ne croyaient pas qu'une guerre fût possible.

Et tout comme en 1968, les propagandistes russes parlent de « sauver » du « nazisme » un pays occupé.

Là encore, pour comprendre les sources de cette guerre, il est nécessaire de recourir à Dostoïevski : non pas à *L'Idiot* cette fois-ci, mais aux *Carnets du sous-sol*, écrits en 1864, avant le « Grand Pentateuque » de ses romans majeurs. Dans cette nouvelle à thèse, que Nabokov a qualifiée de « quintessence du dostoïevskisme » et qui a influencé toute la philosophie européenne, de Friedrich Nietzsche et Max Scheler à Jean-Paul Sartre et Albert Camus, l'écrivain introduit un nouveau personnage de l'époque moderne tardive : celui du névrosé habité par le ressentiment, en colère contre le monde et rêvant de vengeance. Fonctionnaire, de petite taille et le visage ingrat, retraité vivant seul à Saint-Pétersbourg, le héros de l'histoire nourrit dans son cœur aussi bien ses traumatismes d'enfance (rejet, manque d'amis) que ses griefs d'adulte (altercation dans une taverne avec un officier grand et bien bâti, qui l'a bousculé d'un coup d'épaule sans même s'en rendre compte) et bâtit sa propre philosophie souterraine fondée sur la liberté irrationnelle de la volonté (« le vouloir »).

Dans son élan existentiel, il rejette tous les projets de prospérité humaine et d'ordre rationnel qu'incarne pour lui le Crystal Palace, le vaste palais d'exposition construit à Londres pour l'Exposition universelle de 1851, qui a tant frappé l'imagination de ses contemporains, et qu'il rêve de détruire un jour :

> Soudain, au milieu de cette félicité, se dresserait un gentleman dénué d'élégance, au visage « rétrograde » et railleur, qui nous dirait, en mettant les poings sur les hanches : « Eh bien, messieurs ! Ne jetterons-nous pas à bas, dans la poussière,

> d'un seul coup de pied, tout ce sage bonheur, rien que pour envoyer les logarithmes au diable et pouvoir recommencer à vivre selon notre sotte fantaisie[3] ? »

Au fil du récit, le héros subit de nouveaux affronts – cette fois-ci de la part d'anciens camarades de collège – et se venge sur l'humble prostituée Liza, qu'il raille et humilie.

« L'homme souterrain » est devenu l'un des personnages archétypaux de Dostoïevski. Nous retrouvons ses traits chez Raskolnikov et Svidrigaïlov dans *Crime et châtiment*, chez le domestique Smerdiakov dans *Les Frères Karamazov* et chez le terroriste Piotr Verkhovenski dans *Les Possédés*. Max Scheler, se référant à Dostoïevski, évoque la « contamination de la littérature russe par le ressentiment », et Vassili Rozanov lui fait écho en disant de « l'homme souterrain » qu'il est une figure clé.

La Russie d'aujourd'hui a son « homme souterrain », un individu profondément blessé, autiste névrosé nourrissant son ressentiment contre le monde qui l'entoure. Ce n'est pas un hasard s'il est natif de Saint-Pétersbourg, enfant des cours balayées par le vent et des sols marécageux : on se rappelle avec quelle ivresse « l'homme souterrain » de Dostoïevski raconte à Liza qu'au cimetière Volkovo les tombes fraîchement creusées se remplissent d'eau... Cet « homme souterrain », c'est le président russe Vladimir Poutine qui depuis trois ans se terre dans un sous-sol – il a passé les deux premières années de la pandémie de Covid dans un bunker, isolé de ses proches collaborateurs auxquels il imposait une stricte quarantaine, et de ses visiteurs par une table d'une longueur grotesque. À présent que la guerre fait rage, il se retire de plus en plus souvent, dit-on, dans un abri antiatomique quelque part au-delà de l'Oural.

La guerre de Poutine contre l'Ukraine (après ses articles historiosophiques et ses déclarations ukrainophobes de ces derniers temps, il ne fait aucun doute qu'il s'agit en premier lieu d'un projet personnel, dont il ne s'est pas entretenu même avec ses conseillers les plus proches) est le fruit d'une imagination enflammée et d'une vieille rancune : ainsi l'ex-mari jaloux vient-il la nuit, ivre mort, faire du tapage à la porte de la femme qui l'a quitté. Cependant l'Ukraine n'est ici qu'un prétexte, le ressentiment de Poutine est beaucoup plus large : il réclame des comptes à l'Occident tout entier pour avoir ignoré, selon lui, la Russie (« personne ne nous a écoutés [...], écoutez-nous maintenant », a-t-il déclaré lors de la présentation de nouvelles armes nucléaires en 2018), pour son arrogance et la supériorité de sa civilisation. C'est la même haine que celle de « l'homme souterrain » pour le Crystal Palace, le nihilisme cynique d'un homme qui ne croit pas à l'altruisme ni au bien commun.

« L'homme bunkerisé » lance un défi à l'ordre mondial. Depuis plus de dix ans, c'est une idée fixe des idéologues poutiniens, des économistes les plus farfelus, comme Sergueï Glaziev et Mikhaïl Deliaguine*, aux représentants en apparence convenables du club Valdaï ainsi que du Conseil de la politique étrangère et de défense**. Ils soutenaient que l'ordre mondial dirigé par les États-Unis et l'Occident était affaibli et déliquescent. Pour eux, le rôle de

* Économistes populistes russes qui développent des idées d'autarcie, d'économie de mobilisation, de rejet du dollar américain, etc.

** Le Conseil de politique étrangère et de défense (SVOP) est un club créé par Sergueï Karaganov afin d'élaborer des recommandations pour la politique étrangère du Kremlin. Le club Valdaï se réunit en un forum annuel où sont invités des politiciens et des experts occidentaux pro-Kremlin.

la Russie était d'achever de le détruire afin qu'un « monde multipolaire » émergeât de ses ruines, monde dans lequel elle prendrait la place qui lui revient. C'est le geste suicidaire de « l'homme souterrain » désireux d'abattre le Crystal Palace et de « vivre selon sa sotte fantaisie », de transformer son complexe d'infériorité en complexe d'Érostrate, d'attiser l'incendie universel*.

La guerre en Ukraine est une étape dans la destruction des normes, des règles et des institutions : elle était censée montrer l'insignifiance de l'Organisation du traité de l'Atlantique Nord, de l'Union européenne, de l'Organisation pour la sécurité et la coopération en Europe, du partenariat transatlantique face à une agression russe, en somme mettre en évidence l'incapacité de l'Occident à présenter un front uni. Et même l'échec du blitzkrieg et le niveau inattendu des sanctions infligées à la Russie n'ont pas affaibli la sombre détermination du Kremlin, ils ont plutôt exacerbé sa volonté d'achever de briser le vieux monde : les dirigeants russes sont maintenant prisonniers de l'euphorie du « moment historique » ; de l'illusion de l'effondrement mondial des institutions, des règles, des normes ; du pernicieux « tout est permis » des *Frères Kamarazov*. Après avoir détruit un pays voisin et privé le sien d'avenir, « l'homme souterrain », le doigt sur le bouton nucléaire, menace d'anéantir le monde entier.

Après le scandale soulevé par son annulation, le cours sur Dostoïevski de Paolo Nori a été réintégré au programme de l'université de Milan-Bicocca dès le lendemain de l'annonce

* Allusion au poème d'Alexandre Blok *Les Douze* (1918) : « Nous ferons – crève bourgeois ! / Du monde notre feu de joie / Le monde en feu, la joie au cœur / Bénis le sang, Seigneur. » (Trad. André Markowicz, Éditions Mesure, 2021) [*N.d.T.*].

de la mesure. Personne en Occident n'a l'intention d'interdire la culture russe, qui aujourd'hui s'annule méthodiquement toute seule.

LE VIRUS Z

À la manière de la chauve-souris porteuse du Covid, elle a fait irruption dans nos vies, dans nos rêves, dans nos peurs, se propageant tel un virus, avec ses angles acérés comme des griffes, déchirant le tissu de l'existence, laissant partout ses marques mortelles. La lettre Z est instantanément devenue le symbole de la guerre de la Russie contre l'Ukraine et – à quoi bon jouer les modestes – contre le monde entier. En Russie, elle a envahi l'espace urbain, les façades des immeubles, les vitrines des magasins, les flancs des autobus et les vitres des voitures, mais le plus souvent les portières arrière des vieilles « gazelles », ces camionnettes de livraison, où la lettre est tracée du bout du doigt dans la poussière. C'est en Z qu'on fait se ranger les détenus dans les cours des prisons et les petits enfants dans celles des orphelinats, en Z qu'on dispose les livres sur les étagères des bibliothèques et qu'on éclaire les fenêtres des bâtiments administratifs. À Kemerovo, le gouverneur Tsivilev a ordonné de renommer sa région KouZbass dans les documents officiels. La fièvre du Z s'est emparée de la Russie.

Que signifie ce symbole ? Les experts militaires prétendent qu'au début de l'invasion de l'Ukraine on a marqué les véhicules du groupe ouest de la lettre Z, pour *Zapad* (« ouest », en russe) et ceux du groupe est de la lettre V, pour *Vostok* (« est », en russe). Mais quelle que soit la signification de cette lettre, sa promotion immédiate, l'apparition de milliers d'affiches et de vidéos de haute qualité de « Z-performances » filmées à l'aide de drones, son apposition zélée sur les façades des bâtiments administratifs – tout cela témoigne d'une vaste campagne de propagande conçue bien avant le déclenchement de la guerre et, selon toute apparence, approuvée par le Kremlin. Mais pourquoi le Z latin plutôt qu'une lettre cyrillique, pourquoi, pour servir de symboles du « monde russe* », du retour de l'Ukraine dans le giron slave, de la lutte contre l'épidémie occidentale de « nazisme », a-t-on choisi ces deux lettres, Z et V, étrangères et anguleuses ?

Pourtant, pendant longtemps, presque vingt ans, la Russie avait eu son propre symbole maison : le ruban de Saint-Georges qui, en tant que marqueur d'identité, remplaçait parfois le drapeau russe. D'un pur point de vue de « communication », la trouvaille était heureuse : le ruban reliait le passé héroïque (« nos grands-pères se sont battus** ») et le présent revanchard (« la Russie à genoux se relève »), unissait les générations et les classes d'une société déchirée par la méfiance et les inégalités sociales ; il était comme un pansement cicatrisant pour la fierté nationale blessée. Le ruban de Saint-Georges remplissait la même fonction que le cordon rouge autour du faisceau du licteur romain. Le fascisme, au sens premier du terme, consiste à lier la société en un tout, c'est la politique des « agrafes », le principe

* Concept idéologique selon lequel tous les territoires étrangers où l'on parle russe appartiennent au « monde russe » [*N.d.T.*].

** « Les grands-pères se sont battus » est un mème de propagande [*N.d.T.*].

de « conciliarité », de *sobornost*, terme si prisé des penseurs orthodoxes et des patriotes, et qui pourrait fort bien servir de traduction au mot « fascisme ».

C'est exactement ce genre de fascisme de type méditerranéen, avec un État paternaliste, des oligarques soumis, un culte du passé et une propagande de guerre, qui a vu le jour en Russie au cours des dernières décennies, ce même fascisme corporatif qui s'est mis en rang par ministères lors des rassemblements officiels en faveur de l'annexion de la Crimée en 2014, a défilé en colonnes avec des portraits de héros stéréotypés lors des marches du « Régiment immortel », a assassiné la journaliste Anastasia Babourova et l'avocat Stanislav Markelov, la journaliste Anna Politkovskaïa et l'opposant Boris Nemtsov*, puis a envoyé ses sections d'assaut détruire le mémorial dédié à ce dernier sur le pont Moskvoretski, a tourné des films patriotiques et interdit les représentations théâtrales et les expositions d'« art dégénéré ». La société s'est trouvée nouée d'un ruban de Saint-Georges, comme les décorations dans une vitrine la veille du Jour de la Victoire.

Mais le 24 février 2022, quand les premiers chars sont entrés en Ukraine, le ruban a été tranché par un Z acéré. Ce signe n'a pas apporté la paix, mais le glaive, et a marqué une rupture radicale avec le passé. En fait, c'est le sens principal du conflit en Ukraine : geste radical de négation, auto-exclusion de la Russie du cours de l'histoire et de la logique des relations internationales, acte de destruction des conventions. C'est ce que le Kremlin souhaitait depuis longtemps : un renversement des règles et une refonte totale d'un ordre mondial qu'il considérait comme injuste pour

---

* Assassinats politiques marquants qui ont eu lieu pendant la présidence de Poutine [*N.d.T.*].

la Russie. À cette fin, une opération militaire terrestre sans précédent a été déclenchée, à une échelle jamais vue depuis la Seconde Guerre mondiale, avec pour symbole un signe marquant une rupture avec la tradition, y compris avec l'alphabet russe. Comme par hasard, le Z est la dernière lettre de l'alphabet latin, après lui vient le vide, la fin, le zéro.

Les observateurs notent sa similitude avec la symbolique nazie : le signe runique « Wolfsangel », qui était le signe tactique de la 4e division SS opérant à Louga, Pskov et Leningrad, et de la 133e division de forteresse de la Wehrmacht. Il est difficile de croire que les stratèges politiques russes avaient bien cela à l'esprit lorsqu'ils cherchaient un emblème pour l'opération de « dénazification », mais par un diabolique et ironique coup du sort, le symbole russe de la guerre a été précisément reconnu comme nazi. La sémiotique du signe Z désigne le passage du fascisme des « agrafes traditionnelles » de la dernière décennie à un nazisme chimiquement pur, à l'idée de supériorité de la « race russe » sur l'« ethnie ukrainienne », laquelle, selon les articles pseudo-historiques de Poutine et certains manifestes comme l'odieux pamphlet de Timofeï Sergueïtsev*, n'a pas d'identité propre, ni de droit à se constituer en nation, à disposer d'un État, à avoir une culture, une langue et une existence indépendante. Les Ukrainiens occupent dans la nouvelle idéologie russe la place qu'avaient les Juifs dans l'idéologie nazie, et le but de la guerre est essentiellement la « solution finale à la question ukrainienne », qui est devenue l'idée fixe du président russe.

* Article déjà cité publié sur le portail de l'agence de presse d'État RIA Novosti en avril 2022, dans lequel le politologue appelait ouvertement à la destruction de l'Ukraine en tant que nation, culture et État.

Mais contre toute attente, le Z, cette svastika inachevée, s'est emparé de l'imagination des Russes avant de partir en tournée à travers le pays, laissant partout son empreinte. De mème de propagande, il s'est transformé en idée nationale – une idéologie de destruction, de négation, d'annulation. La lettre Z est apposée sur tous les principaux symboles de la Russie : les dômes des églises, les gâteaux de la Pâque (le patriarche a même dû spécialement intervenir pour exhorter les fidèles à s'en abstenir), l'étoile rouge et toujours le ruban de Saint-Georges. Le défilé du 9 mai 2022 commémorant la fin de la Seconde Guerre mondiale s'est également déroulé sous le signe du Z et s'est trouvé ainsi dévalué et réduit à néant : les vainqueurs du nazisme de 1945 ont défilé sous le symbole nazi de 2022. C'est par le signe Z qu'on stigmatise les ennemis du « Reich » en le traçant sur leurs portes – comme il est arrivé au critique de cinéma Anton Doline, à la critique de théâtre Marina Davydova, à Rita Flores, membre des Pussy Riot, et à d'autres personnalités publiques qui avaient osé se déclarer contre la guerre ; c'est la lettre Z que des nervis ont taguée sur les murs de l'association Mémorial de Moscou, définitivement fermée et liquidée dans les premières semaines de la guerre.

En fait, c'est sur la Russie entière qu'on a appliqué un gros signe Z dégoulinant de peinture et de sang, rayant ainsi le monde né dans cet espace au cours des trente dernières années, son économie de marché, sa société civile, ses relations avec l'extérieur et ses espoirs en l'avenir. La Russie a violemment rompu avec son propre passé, avec sa vie quotidienne, avec la civilisation mondiale, et il y a quelque chose d'infernal dans cette autodestruction volontaire. C'est ce que décrit le mieux l'un des verbes préférés de Dostoïevski : « se dénuder ». La Russie s'est dénudée dans une ivresse guerrière et sadomasochiste – elle n'a plus de culotte, mais arbore un tee-shirt avec l'inscription : « Je n'ai pas honte* ».

À propos de sadomasochisme. Les stratèges politiques qui ont inventé le symbole Z avaient certainement le sens de l'humour et devaient fort bien se souvenir du *Pulp Fiction* de Tarantino et du pervers Zed, vêtu de cuir et latex, à cheval sur une Harley, et de son porte-clés en forme de Z. L'une des meilleures séquences du film (mais y en a-t-il de mauvaises ?) est le dialogue final entre Butch Coolidge, joué par Bruce Willis, et sa petite amie Fabienne :

Fabienne : À qui est cette moto ?
Butch : C'est un chopper, chérie.
Fabienne : À qui est ce chopper ?
Butch : Il est à Zed.
Fabienne : Qui est Zed ?
Butch : Zed est mort, chérie. Zed est mort.

Il me semble qu'il n'y a pas de meilleure réponse à la question : que signifie le symbole Z ?

* Des tee-shirts « Je n'ai pas honte » ont été distribués dans les premières semaines de la guerre en réponse aux appels du monde entier adressés à la Russie, l'invitant à avoir honte et à se repentir.

LA RUSSIE À L'ENVERS

Au centième jour de la guerre, la faculté d'être sidéré et horrifié s'émousse. Mais arrivent de nouvelles preuves des atrocités commises par l'armée russe, et on retombe dans un abîme. Début avril 2022, à Termakhivka, village de la région de Kiev, des soldats russes ont arrêté cinq jeunes dans la rue, les ont ligotés, les ont allongés en cercle dans un champ et les ont gardés ainsi quinze jours sous la menace d'une mitrailleuse. La nuit, la température chutait à – 10°, il tombait de la neige que les prisonniers mangeaient par terre. L'un d'eux a fait mine de se redresser et on lui a tiré dans la jambe. Il est resté étendu avec une plaie ouverte, sa jambe pourrissait. À un moment donné, les soldats leur ont apporté un « deux cents* » – le cadavre d'un civil assassiné – qu'ils ont jeté au centre du cercle : « Pour que vous dormiez bien. »

Il est peu probable que ces soldats aient vu *Cargo-200* d'Alexeï Balabanov, le réalisateur prophétique qui avait

* Dans l'armée russe, on emploie les expressions « cargo-200 » pour désigner un mort, « cargo-300 » pour un blessé, « cargo-400 » pour un soldat choqué ou capturé, etc. Ainsi est-il courant de dire un « deux cents » pour désigner un cadavre.

prédit, entre autres, l'avènement du fascisme russe, mais leurs fantasmes pervers auraient fait pâlir d'envie le défunt réalisateur lui-même*. Une orgie de violence généralisée et sans bornes s'est déchaînée en Ukraine – avec fusillades de masse et tortures sadiques, avec meurtres gratuits de civils, comme ça, par ennui, pour le plaisir, avec viols et exécutions de parents sous les yeux de leurs enfants et inversement, avec viols de filles et de femmes âgées de 8 à 80 ans. Lire le récit de telles horreurs est insupportable, mais nécessaire – par devoir de compassion, d'empathie, mais aussi pour tenter de comprendre : d'où vient ce mal monstrueux apporté par l'armée russe, de quelles profondeurs chthoniennes, de quels cauchemars ou films d'horreur ? S'est-il produit en Russie une mutation génétique ayant donné naissance à des sadiques pétris d'indifférence ? Les Ukrainiens survivants, témoins de leurs atrocités, en parlent avec moins d'effroi que de stupéfaction : « C'est la première fois qu'on voit ça », « on n'imaginait même pas que c'était possible ».

Cependant, il n'est pas besoin d'être Fiodor Dostoïevski, Iouri Mamleïev ou Vladimir Sorokine** pour explorer les sombres recoins de l'âme russe. Il suffit de jeter un coup d'œil à la chronique des violences policières, des tortures dans les commissariats de police et les colonies

* Le film du réalisateur russe culte Alexeï Balabanov *Cargo-200* raconte comment le corps d'un parachutiste tué pendant la guerre d'Afghanistan est transporté dans une ville de province russe et déposé sur le lit à côté de sa petite amie.

** Iouri Mamleïev (1931-2015) : écrivain russe, fondateur de l'école du « réalisme métaphysique », marqué par un intérêt pour l'au-delà et l'ésotérisme. Vladimir Sorokine (né en 1955) : écrivain conceptualiste russe qui fait des expériences avec le langage et explore les thèmes liés au sexe et à la violence ainsi que les mythologies de base de la vie russe.

pénitentiaires, et des crimes de l'armée pour comprendre que tout ce qui s'est passé à Boutcha, à Irpin et dans d'autres villes et villages sous occupation russe ne relève ni de l'excès ni de la pathologie, mais de la norme, de la pratique routinière des appareils de violence russes. Les journalistes du média d'investigation *Proekt* se sont intéressés à l'histoire des unités russes stationnées à Boutcha – le nom de ce village de la région de Kiev finira par devenir une antonomase, en raison des atrocités qui y ont eu lieu – et ont découvert que certaines étaient déjà connues pour leur brutalité, même en temps de paix. Par exemple, la 64e brigade d'infanterie motorisée de la 35e armée de Khabarovsk, en Extrême-Orient, jouit d'une mauvaise réputation dans sa propre région, au point qu'on se sert là-bas de son indicatif d'appel, « Mletchnik », pour faire peur aux enfants. Des suicides s'y produisent régulièrement, conscrits et engagés désertent. En l'espace de seulement trois semaines, en mars 2014, sept soldats sont morts au sein de l'unité 51460, stationnée près du village de Knyazé-Volkonskoïé, dans la région de Khabarovsk. Il est à noter qu'après le retrait de l'armée russe des environs de Kiev, le président Poutine a décerné à cette unité le titre honorifique de *gvaderskaïa* – « de la Garde » –, comme s'il approuvait et récompensait les crimes de guerre qu'elle avait commis. La 127e division d'infanterie motorisée de la 5e armée, elle aussi stationnée en Extrême-Orient, laisse derrière elle la même traînée de violence : elle fait régulièrement l'objet d'enquêtes criminelles, et l'on a retrouvé aux environs de son cantonnement des cadavres de soldats décapités.

À Boutcha, il ne s'agissait pas de monstres sadiques (on a parlé d'unités tchétchènes – et elles aussi, il est vrai, se sont signalées par les massacres qu'elles ont commis), mais de soldats ordinaires de l'armée russe, laquelle, malgré son importante campagne de communication ces dernières années, s'en tient toujours à la brutalité comme unique méthode de commandement. Jeff Hawn de la London School of Economics, qui a étudié la pratique de la violence dans l'armée russe, note que les crimes de guerre de l'armée russe au XXIe siècle, de la Tchétchénie et de la Géorgie à la Syrie et au Donbass (avant le début de la phase actuelle de la guerre), sont restés impunis. Les forces armées russes, contrairement aux armées occidentales, n'ont pas développé de culture institutionnelle qui permettrait de minimiser les pertes dans la population civile : l'armée russe ne dispose d'aucun mécanisme susceptible de prévenir les violences injustifiées et arbitraires. « Les atrocités commises aujourd'hui par l'armée russe découlent toutes de son incapacité viscérale à se guérir de son héritage soviétique, conclut-il. Elle reste axée sur la létalité et la victoire à tout prix[1]. »

On peut dire la même chose d'autres institutions chargées du maintien de l'ordre : la police, qui fournit à l'armée belligérante des détachements de forces spéciales, la Garde nationale et le FSIN. Ces dernières années, grâce à la prolifération des portables dans les lieux de détention et aux réseaux sociaux, le public a reçu des téraoctets de preuves choquantes des tortures, des sévices et des viols commis dans les prisons russes depuis des décennies et qui sont devenus la norme dans les relations entre l'administration et les prisonniers, ainsi qu'entre les prisonniers eux-mêmes. En Ukraine, on voit guerroyer aujourd'hui des soldats sous contrat recrutés dans les régions de Russie les plus marquées par le chômage et la criminalité, où la sous-culture carcérale domine chez les hommes – la plupart d'entre eux ont eux-mêmes connu la prison, quand ce ne sont pas leurs amis et parents les plus proches, et tous les adolescents ont rejoint les réseaux de l'AUE*. À présent ce mode de vie, avec ses « règles » héritées de la pègre et ses pratiques de violence aussi bien physique que sexuelle, a migré dans les territoires occupés de l'Ukraine : l'arbitraire carcéral russe a débordé les enceintes des colonies pénitentiaires et les frontières du pays.

Cependant, la violence ne se limite pas aux seules institutions de l'État, elle est présente aussi dans les familles, dans les relations entre hommes et femmes, parents et enfants, vieux et jeunes, supérieurs et subordonnés. Elle fait irruption dans les conversations téléphoniques interceptées entre des militaires et des commandants russes, où abondent langage ordurier, menaces et insultes, dans les lettres et les appels des soldats à leurs familles, empreints d'une sentimentalité larmoyante mêlée de cruauté et de cynisme : des mères y conseillent leurs fils sur ce qu'ils peuvent voler dans les maisons des Ukrainiens et les pointures de chaussures ils doivent y prendre ; une femme écrit à son époux officier : « Viole des Ukrainiennes, mais protège-toi. » La violence s'est infiltrée dans la chair et le sang de la société russe, elle est devenue le code source d'une société bâtie sur la hiérarchie et la subordination, sur l'accaparement et la distribution des ressources, où la force brute est au-dessus de la morale et le pouvoir au-dessus de la loi. Cet ordre est sanctifié par le comportement de la classe dirigeante, dont les voitures à gyrophare renversent les petites gens sans que la justice intervienne jamais, il est sanctifié par

* AUE (sigle russe pour « code unifié des taulards ») : nom d'une sous-culture tendant à imposer aux adolescents qui y adhèrent un code de comportement criminel copié sur celui des colonies pénitentiaires, notamment de Sibérie [*N.d.T.*].

les discours du président Poutine, qui enseigne, sous les applaudissements de la foule, que « les faibles sont battus » et qu'« il faut frapper le premier ».

En règle générale, cette violence est réservée à un usage domestique, au maintien et à la légitimation de l'ordre social et politique à l'intérieur du pays, mais là, pour la première fois, elle s'est répandue massivement hors de Russie avec une armée d'invasion forte de deux cent mille hommes, elle a reçu la sanction de l'État et une justification idéologique. Les paroles de Poutine sur « les nazis et les drogués » dirigeant l'Ukraine, qu'il a puisées dans de faux documents de propagande (sa principale source d'information, semble-t-il, quant au monde extérieur à son bunker), sont prises au pied de la lettre par les soldats d'occupation qui, lorsqu'ils pénètrent dans une maison ukrainienne, demandent aux propriétaires ahuris : « Où sont les nazis ici ? », ou bien, toujours selon le témoignage d'habitants de Termakhivka, près de Kiev, s'étonnent : « Le vieux, on lui a coupé tous les doigts, et il n'avoue toujours rien ! Un drogué, c'est sûr ! » Quand on essaie de comprendre ce qu'il y a derrière les atrocités des occupants russes en Ukraine, on s'aperçoit que le problème ne vient pas d'individus isolés, sadiques et pillards, mais de la structure même de la Russie.

Pour le dire simplement, la Russie est cousue comme un manteau. Non pas le manteau d'Akaki Akakiévitch*, source de toute la littérature russe, mais un simple manteau de soldat, l'un des archétypes fondamentaux d'une nation

* Le héros de la nouvelle de Nicolas Gogol *Le Manteau* est un petit fonctionnaire de Saint-Pétersbourg, auquel on vole son manteau neuf dans la rue, ce qui devient une source de souffrances inépuisables. Cette nouvelle appelant à la compassion pour le « petit homme » est l'un des textes classiques de la culture russe.

éternellement en guerre. Il a un endroit et un envers. Sur l'endroit – rude, rêche et tanné par les siècles – il y a l'espace, l'étendue, l'empire, la guerre, les chars et les avions, la bombe atomique, Spoutnik et le cosmos, Tolstoï et Dostoïevski, Moscou et Saint-Pétersbourg, les églises et les palais. Sur l'envers, que le monde extérieur ne peut voir, mais qui colle à notre corps, il y a le servage, la muflerie, le vol, le mensonge, l'arbitraire et l'inépuisable cruauté de la vie russe. Il nous est familier et nous le portons, en rentrant la tête dans les épaules et en nous grattant ; certains patriotes croient même que tel est le prix de la grandeur et, en secret, sont fiers que la vie russe soit faite ainsi : peu importe que le toit soit percé et qu'on doive faire ses besoins dans la cour tant qu'il y a l'opéra, la littérature, la mystérieuse âme russe et le grand empire.

Mais voilà qu'est survenu un embarras : on a retourné le manteau à l'envers et exposé cette insigne misère sous la forme d'une « armée d'invasion », on a révélé au monde toute l'absurde hargne russe, l'ignorance crasse, le vol endémique, la cruauté, la violence et le mépris pour la dignité personnelle et la vie humaine. Tous ces traits typiquement nationaux auxquels nous nous sommes habitués à l'intérieur de notre pays sont soudain devenus visibles : tous les trous, les déchirures, les coutures de travers, l'étoffe à moitié pourrie du manteau russe ont sauté aux yeux du monde, et c'est une catastrophe non pour la réputation de la Russie, mais pour sa civilisation même. Elle anéantit le pouvoir de simulation sur lequel la Russie s'est appuyée au cours des derniers siècles : la forme extérieure du pays révélée par cette guerre éhontée correspond désormais à son contenu intérieur. La Russie apparaît au monde telle qu'elle est. On peut être horrifié par l'abîme du mal qui s'est ouvert à Boutcha et à Marioupol, mais on ne doit pas s'en étonner : la Russie entière est notre Boutcha.

LA MOBILISATION COMME ROULETTE RUSSE

L'histoire se répète

« On peut le refaire ! » répète la propagande russe depuis une bonne vingtaine d'années. Et c'est ce qui s'est passé : l'histoire russe revient dans toute sa splendeur. Les images de la première vague de mobilisation « partielle » étaient douloureusement familières : comme une plongée dans les classiques de la littérature russe et les films de guerre. Des foules d'hommes de tous âges, jeunes, mûrs, même chenus parfois, habillés en civil, chargés de sacs à dos et de baluchons encombrants, certains la mine brave, d'autres désemparés, accompagnés de parents et d'amis, piétinent dans la rue devant les portes d'un centre de rassemblement ou sur le quai d'une gare avant le départ du train. Des enfants pleurent, des femmes essuient leurs larmes en silence, les recrues fument et font tourner une bouteille de vodka (nombre d'entre eux sont déjà ivres depuis longtemps), un orchestre entonne maladroitement *L'Adieu d'une Slave**

* Marche militaire russe écrite en 1912 par le compositeur et chef d'orchestre Vassili Agapkine (1884-1964), jouée traditionnellement au moment des adieux avant le départ pour la guerre [*N.d.T.*].

tandis qu'un prêtre bedonnant et barbu bénit ceux qui partent à la guerre en agitant sa croix.

L'un après l'autre, sans se retourner, ils disparaissent par la noire embrasure de la porte d'un bureau de recrutement ou d'une voiture de chemin de fer. Dans quelques semaines, sinon quelques jours, vêtus d'un semblant d'uniforme et armés de kalachnikovs rouillées tirées des stocks stratégiques, sans aucune formation ni coordination, ils seront expédiés en Ukraine, postés dans des tranchées ou embarqués dans des blindés vieux d'un demi-siècle, qui démarrent une fois sur deux, et s'en iront tuer des Ukrainiens ou bien mourir eux-mêmes : brûlés vifs dans ces boîtes de conserve, ensevelis dans la terre noire ukrainienne, ou pourrissant, les deux jambes coupées, dans un hôpital de Rostov. Les économistes Oleg Itskhoki et Maxim Mironov estiment que les pertes attendues parmi les nouveaux mobilisés seront beaucoup plus élevées que dans l'armée régulière, elles seront comparables aux pertes des troupes de l'autoproclamée « République populaire de Donetsk », où, selon les services de renseignements britanniques, elles représentent 55 % de l'effectif initial. Ils pensent qu'au cours des six mois suivant la mobilisation, les pertes parmi les mobilisés russes pourraient atteindre 60 à 70 %, dont 15 à 20 % de tués et 45 à 50 % de blessés – tourne, roulette russe !

On enrôle tout le monde sans faire de tri : dans la ville d'Oulan-Oudé, en Transbaïkalie, on embarque des étudiants en plein cours ; au Bachkortostan, c'est l'orchestre philharmonique qu'on mobilise ; à Zelenograd, près de Moscou, ce sont des centaines d'employés d'entreprises de microélectronique, parmi lesquelles Angstrem et Mikro, productrices de puces électroniques, au point que leurs directeurs écrivent au ministère de la Défense des lettres affolées, pour l'avertir qu'on est en train d'anéantir une industrie stratégique. Des convocations sont envoyées à des juges et des procureurs, qu'ils aient ou non déjà servi dans l'armée, à des gamins de 18 ans et, contre toutes les règles, à des hommes plus que sexagénaires, comme cela s'est produit massivement en Bouriatie. Au village de Tioumenevo, dans la région de Kemerovo, c'est l'ensemble de la population masculine – cinquante-neuf individus – qui a été envoyée sous les drapeaux.

On se souvient des scènes de mobilisation lors de la guerre russo-japonaise, au printemps 1904, décrites par Léon Tolstoï dans son célèbre article « Ressaisissez-vous ! » :

> Et des centaines, des milliers d'hommes en uniforme, et avec divers engins de meurtre – la chair à canon – affolés par les prières, les sermons, les appels, les processions, les images, les journaux, avec l'angoisse au cœur, mais une bravoure apparente, quittent parents, femmes, enfants, vont là où, en risquant leur vie, ils commettent l'acte le plus terrible : le meurtre d'hommes qu'ils ne connaissent pas, et qui ne leur ont fait aucun mal*.

L'histoire russe se répète sous sa pire forme, reproduisant, siècle après siècle, des scènes de brutalité d'État, d'arbitraire bureaucratique et de soumission humaine.

Ressource humaine

La nature de la mobilisation (aussi « partielle » que la guerre en Ukraine est une « opération spéciale ») révèle

* Léon Tolstoï, « Ressaisissez-vous ! À propos de la guerre russo-japonaise », in *Dernières paroles*, trad. J.-Wladimir Bienstock, Mercure de France, 1905 [*N.d.T.*].

tous les caractères spécifiques du système sociopolitique russe qui, sous Poutine, ont atteint leur maturité et se sont institutionnalisés. Le premier d'entre eux est de considérer la population comme une ressource : l'idée de la traiter comme une matière première inépuisable est profondément ancrée dans la conscience des membres de l'élite poutinienne. Durant des années, l'État a mis en avant ses priorités démographiques, en luttant contre les personnes LGBT, le mouvement *childfree*, l'avortement et en inculquant des valeurs familiales. Poutine et plusieurs hauts fonctionnaires ont exprimé à plusieurs reprises leur rêve que la population atteigne 500 millions d'habitants, sans cacher que c'était nécessaire non pas pour développer un capital humain, mais pour résoudre des problèmes d'ordre stratégique : combler le déficit de la Caisse des retraites, peupler et défendre un vaste territoire.

Dans le même temps, l'État a accru la pression sur la population afin d'en tirer le maximum de profit, notamment en réduisant les prestations sociales héritées de l'époque soviétique, en diminuant la place de l'éducation et de la médecine publiques pour favoriser leur privatisation, en repoussant l'âge de départ à la retraite et en renforçant la charge fiscale des entreprises, laquelle retombe sur les consommateurs. Une stratification sociale sans précédent a plongé des couches de population et des régions entières au-dessous du seuil de pauvreté, cependant que les autorités promouvaient la rigueur et la frugalité, utilisant de fait la pauvreté comme un outil politique de contrôle des masses.

Et voilà que la biopolitique du pouvoir se transforme à présent en une thanatopolitique de mobilisation : on a d'abord recruté des soldats professionnels dans les régions les plus démunies et les couches de la société les plus pauvres (en particulier dans la catégorie la plus défavorisée de la population, celle des détenus que le « cuisinier de Poutine », Evgueni Prigojine, a enrôlés dans sa milice privée Wagner pour servir de chair à canon*), et aujourd'hui ce sont plusieurs millions d'hommes qui se retrouvent dans la ligne de mire de la mobilisation pour combler de leurs corps les vides de la ligne de front, pour faire office de matériau jetable dans une guerre ratée. Cela étant, l'État respecte les hiérarchies de classe et les hiérarchies territoriales de la société coloniale russe : on mobilise en masse la population des marches – Extrême-Orient, Transbaïkalie, Bouriatie, laquelle, déjà très éprouvée, a connu une conscription quasi générale, conduisant les militants locaux des droits de l'homme à parler de génocide du peuple bouriate. (La même chose se produit avec les Tatars dans la Crimée annexée par la Russie : 90 % des hommes y sont enrôlés, ce qui indique clairement une intention politique.) Dans le même temps, les régions centrales, comme celles de Moscou et de Saint-Pétersbourg, cruciales pour les autorités, sont largement épargnées : sur l'ensemble des 15 millions d'habitants de Moscou, le plan de mobilisation ne prévoit le recrutement que de 16 000 hommes, soit 0,1 % de la population. De la même manière, on promet un sursis à la conscription pour les propagandistes des médias d'État et les employés des banques d'importance systémique : la valeur des individus varie en fonction de leur proximité avec

* L'un des plus proches collaborateurs et confidents de Vladimir Poutine et son soi-disant « cuisinier », Evgueni Prigojine, dirigeait la société militaire privée Wagner. Au cours de l'été et de l'automne 2022, elle a ouvertement recruté des milliers de prisonniers dans les colonies pénitentiaires russes, surtout des meurtriers et des violeurs condamnés pour des crimes particulièrement graves, afin de les envoyer au front en Ukraine, en leur promettant des grâces anticipées et le versement d'indemnités à leurs familles en cas de décès.

le pouvoir. L'attitude de l'État à l'égard du corps humain est marquée par une inefficacité et un gaspillage typiquement russes. On appelle sous les drapeaux plus de monde qu'il n'en faut, les hommes sont expédiés au hasard, installés dans des locaux inadaptés, sans nourriture ni commodités, exhortés à acheter eux-mêmes leur équipement : tenue de camouflage, casque et gilet pare-balles. Une vidéo circulant sur Internet montre une militaire conseillant aux hommes mobilisés de se procurer des serviettes hygiéniques pour les soulager des ampoules causées par les bottes et des tampons hygiéniques pour colmater les blessures par balle. Tout cela est une conséquence de l'idéologie de l'inépuisabilité des ressources humaines que résume l'aphorisme « nos femmes en feront d'autres » attribué au maréchal Joukov. Mais ce surnombre est l'essence même de la machine de terreur de l'État. C'est ainsi qu'elle démontre sa toute-puissance. La Grande Terreur de 1937 a fonctionné de la même manière : elle était à la fois universelle et accidentelle, et la victime n'était sauvée ni par une « exemption » ni par ses relations personnelles. De façon générale, la mobilisation a beaucoup en commun avec la terreur d'État : c'est un outil répressif pour discipliner la biomasse humaine.

L'État est animé par la logique du grand nombre : cent ou deux cent mille hommes peuvent bien mourir en Ukraine (comme semble le prévoir le ministère des Finances de la Fédération de Russie dans ses demandes de versement d'indemnités funéraires aux familles de militaires morts en 2022 et 2023, selon des documents publiés par Mikhaïl Khodorkovski), et même un million, comme lors de la pandémie de Covid, ce n'est rien comparé au réservoir de 8 millions de personnes supposées vivre en Crimée et dans les régions occupées de l'Ukraine orientale. Le traitement de la population comme ressource impose sa propre arithmétique.

Soumission au destin

Apparue lors de la mobilisation, la deuxième composante du contrat russe traditionnel entre le pouvoir et la société est l'accablante soumission de la population et sa disposition à aller tuer et se faire tuer pour des motifs incertains à l'appel de l'État. Certes, des dizaines de milliers d'opposants et d'intrépides sont descendus dans la rue aux premiers jours de la mobilisation, pour protester contre la guerre. Des milliers d'entre eux ont été arrêtés et placés en détention administrative (avec mobilisation à la clé). Des centaines de milliers de Russes se sont rués vers les pays voisins : Finlande, Géorgie, Mongolie, Kazakhstan, quand ils n'ont pas franchi en bateau le détroit de Béring pour gagner l'Alaska depuis la Tchoukotka… des dizaines de milliers d'autres sont partis pour l'Arménie, l'Azerbaïdjan, l'Ouzbékistan, la Turquie, Israël et un certain nombre d'autres pays, et des milliers encore restent à proximité des frontières. L'exode hors de Russie au cours des deux premières semaines de mobilisation peut être estimé à huit cent mille personnes. Mais le nombre de ceux qui protestent ouvertement en place publique ou qui se sont enfuis ne dépasse pas 1 % de la population. Les autres, soit des millions d'individus, ont accepté la mobilisation comme une part de la vie normale répondant à la règle du jeu ; ils se sont rendus dans les bureaux de recrutement ou ont cherché à obtenir un sursis. En d'autres termes, pour reprendre la triade *exit-voice-loyalty* de Hirschman, une fraction de 1 % a choisi d'élever la voix, 0,5 % a opté pour la fuite, et le reste, volontairement ou non, pour la loyauté*.

* Dans son livre *Défection et prise de parole* (trad. Claude Besseyrias, Fayard, 1995) paru aux États-Unis sous le titre *Exit, Voice and Loyalty*,

Ceux qui partent consciemment en Ukraine pour « combattre les nazis » sont une minorité statistiquement insignifiante, mais la majorité n'est tout simplement pas prête à défier la volonté de l'État (bien que refuser ou éviter de recevoir sa convocation ne soit puni que d'une amende misérable de 500 à 3 000 roubles, c'est-à-dire de 10 à 60 dollars). Internet regorge d'histoires ahurissantes d'hommes se rendant au commissariat militaire au premier appel, de parents envoyant leurs enfants à la guerre « pour qu'il n'y ait pas de problèmes avec les flics », d'employeurs livrant massivement leurs employés, d'individus pourtant exemptés partant se battre « parce qu'on a enrôlé [leurs] frères », « pour ne pas avoir honte devant les voisins » ou simplement « parce que ce serait gênant par rapport aux potes ». Il semble que la peur de l'État (du chef dans la fonction publique, du commissaire militaire, du policier, de la direction de l'université) soit plus forte chez le Russe que la peur de la mort. Sans parler du fait que, sur ordre des autorités, certains sont prêts à aller non seulement mourir, mais également tuer – de composante morale, il n'est quasiment pas question. Tout comme, au printemps et à l'été 2022, on a assisté en Russie à une normalisation de la guerre, à l'automne 2022 s'est produite une normalisation de la mobilisation. La guerre à présent n'est plus à la télévision, mais dans tous les foyers, et la population, à l'exception d'un faible nombre de manifestants et d'émigrés, se résigne et se soumet à la volonté de l'État.

Il ne s'agit pas seulement du fameux « homme de la rue », mais aussi des élites : managers, grands propriétaires,

---

l'économiste américain Albert Hirschman décrit le comportement d'une personne confrontée à une dégradation des services fournis par des institutions privées ou publiques.

oligarques et hauts fonctionnaires. Tous ont adhéré sans réserve au discours d'une « opération militaire spéciale », puis à celui d'une guerre totale avec mobilisation partielle ou, à échéance plus ou moins lointaine, générale, accompagnée de l'instauration de la loi martiale. Toutes ces personnes, qui ont vécu l'épreuve des « années sauvages », de l'arbitraire des gangsters et de la police, qui ont lutté pour leur propriété, ont accumulé des fortunes ou fait carrière dans l'appareil d'État, tous, y compris les « libéraux systémiques » et les chefs d'entreprises internationales, sacrifient sans broncher leurs acquis, leurs ressources et leurs carrières sur l'autel de la guerre, et pas un ne manifeste, du moins publiquement, le moindre désaccord. On ne parle pas ici seulement d'une dépolitisation complète de la population et des élites russes, mais aussi d'une absence de subjectivité : à l'exception d'une poignée de marginaux, les Russes déposent les armes devant l'État et ne peuvent lui opposer ni action collective ni action individuelle, juste l'évitement ou la fuite.

La raison en réside sans doute dans le caractère total de l'État russe, rétabli par Poutine au XXIe siècle, avec son économie détenue à 70 % par l'État, sa structure de société féodale, son élite « nationalisée » et sa population aussi conformiste que désunie. En Russie, l'État a pratiquement détruit la société et les fondements de la citoyenneté, chacun est attaché à la cellule qu'il occupe au sein de la hiérarchie sociale, il doit tous les éléments de son existence non pas à ses propres mérites, mais à l'État qui distribue biens, privilèges et punitions. Le citoyen regarde le monde à travers les yeux de l'État, et les besoins de l'État, la raison d'État, en particulier lorsqu'il est question de sécurité, sont placés au-dessus de l'identité individuelle. L'homme d'affaires et le manager s'attellent docilement à la charrette de la « mobilisation », et le conscrit, résigné, prépare son paquetage. Ils ne sont que quelques-uns à avoir l'idée de refuser ce paradigme, de dire « non » à l'État (au chef, au commissaire militaire, au policier), et cette soumission, cette absence de faculté d'agir sont, il faut bien l'admettre, la grande réussite du régime de Poutine, compte tenu de la liberté et de l'anarchie qui régnaient en Russie dans les années 1990.

Il ne faut pas sous-estimer l'efficacité de la machine répressive qui s'est développée au cours de la dernière décennie et a réussi, par la dispersion brutale des rassemblements, la torture dans les postes de police et des milliers de condamnations injustifiées, à instiller une peur qu'on avait oubliée depuis l'époque soviétique. La « génération non fouettée » née et grandie sous Poutine a absorbé cette impuissance apprise avec l'air du temps et, comme ses parents, souffre du syndrome de Stockholm. Des stratégies de protestation, d'évitement et de fuite existent, comme on l'a vu plus haut, mais elles sont incapables d'arrêter la machine impersonnelle de la mobilisation et de la terreur d'État.

La culture russe de la mort

Enfin, dernier facteur : les anthropologues et les psychologues sociaux ont encore à étudier le phénomène, mais la peur de la mort semble s'être émoussée dans la société. Peut-être la pandémie de Covid y a-t-elle joué un rôle important. Elle a montré qu'une grande partie de la société était la proie du fatalisme et de l'apathie (« qui doit mourir mourra »), couplés à un mépris affiché pour sa propre sécurité et celle des autres (« je n'irai pas me faire vacciner et je ne laisserai pas vacciner mon enfant »). L'indifférence avec laquelle la population a accepté les pertes dues au Covid (plus d'un million de morts) a convaincu les autorités qu'elle était prête à supporter d'autres victimes et avait un seuil élevé de tolérance. Quant à son attitude face à la mobilisation, il semble qu'elle perçoive la guerre de la même manière qu'une pandémie : comme une fatalité extérieure, un *fatum*, et qu'elle se soumette au destin. Dans les deux cas, obligés de choisir entre prendre une mesure d'urgence (se faire vacciner, refuser la convocation à la mobilisation ou quitter le pays) ou ne rien changer et accepter un péril mortel (refuser de se faire vacciner, partir à la guerre), les Russes optent pour l'inaction et le risque de perdre la vie. Dans de nombreux forums en ligne, des internautes discutent calmement de leur mort ou de celle de leurs proches. On dirait que Poutine et sa rhétorique de la mort ont réussi à infecter toute la population russe (« nous irons au paradis, et eux [l'Occident] ils crèveront tout bonnement », « à quoi bon un monde où la Russie est absente », etc.*).

On pourrait longtemps discourir sur l'origine de cette obéissance à l'État et de ce fatalisme face à la mort, parler du servage et de la colonisation intérieure, de l'éternel collectivisme de la communauté paysanne russe et de l'impératif de survie qui en Russie prévaut sur l'expression de soi (selon Ronald Inglehart**), on pourrait encore débattre pour savoir si l'« ornière russe » existe et s'il est possible de s'en dégager, mais le fait est que le Léviathan russe a réussi à ressusciter les matrices traditionnelles du pouvoir et de la relation entre l'État et la société. La charrette de la mobilisation, grinçante et vacillante, perdant des passagers

* Déclarations de Poutine lors de conférences de presse, ces dernières années, où il spéculait sur la possibilité d'une guerre mondiale et d'une apocalypse nucléaire.

** Selon l'enquête de World Values Survey menée depuis 1981 par des sociologues sous la direction de Ronald Inglehart, la prédominance des valeurs de survie sur les valeurs d'expression de soi a toujours été prononcée en Russie.

en chemin, pétrissant la boue sous ses roues, s'est ébranlée et s'en est allée cahin-caha sous les glapissements de l'accordéon et les sanglots des femmes. Poutine pourrait, tel Staline lors du banquet de la victoire en mai 1945, lever son verre au grand peuple russe et à sa patience sans pareille* – mais, contrairement à Staline, il n'aura pas de défilé de la Victoire.

* Le fameux toast de Staline, lors d'une réception au Kremlin le 24 mai 1945, « à la santé et à la patience » du peuple russe, qui a pardonné au gouvernement les sacrifices et les défaites des premières années de la guerre et « a cru, enduré, attendu et espéré ».

SUR QUI FRAPPE LA MASSE

L'un des principaux symboles de l'année 2022 en Russie restera sans aucun doute la masse. Celle utilisée pour exécuter un prisonnier, Evgueni Noujine, ancien détenu engagé dans le groupe Wagner et déserteur. La vidéo, intitulée « Le Marteau de la vengeance » et publiée sur Telegram, contient des fragments d'entretien où l'homme déclare avoir déserté dans l'intention de se battre du côté de l'Ukraine. Puis on voit Noujine assis en tailleur, une tempe sur un bloc de béton, le crâne maintenu par du film plastique. Derrière lui : la tenue de camouflage d'un individu debout, qui soudain lui assène un grand coup de masse sur l'autre tempe. Dans la légende accompagnant cette vidéo, Noujine est qualifié de traître « ayant reçu le châtiment wagnérien traditionnel ». L'authenticité du document a été confirmée par Evgueni Prigojine : « Je crois que ce film s'intitule *Un chien n'a qu'une mort de chien*. Excellent travail de réalisation. »

La cruauté délibérée et la large diffusion de cette vidéo permettent de parler d'une opération de communication soigneusement planifiée, visant à bénéficier de la plus vaste audience possible. Les mercenaires du groupe Wagner sont connus pour leurs tortures et leurs exécutions sommaires, comme l'assassinat en 2016 en Syrie de Hammadi Taha al-But, transfuge du gouvernement syrien filmé en train d'être battu à mort à coups de masse, mutilé, pendu et brûlé sous les commentaires hilares de ses tortionnaires. Mais cette vidéo, semble-t-il, n'a atterri sur la Toile que de manière accidentelle – certains des tueurs y ôtent même leur masque, révélant ainsi leur identité –, celle de l'exécution d'Evgueni Noujine a été diffusée intentionnellement, tout comme une autre, publiée trois mois plus tôt, où l'on voit Prigojine recrutant des prisonniers pour sa milice dans une colonie pénitentiaire russe, dont le personnel se tient à l'écart sans intervenir.

La vidéo de l'exécution contenait un puissant message. Il s'adressait non seulement aux anciens détenus qui combattent dans le groupe Wagner et penseraient à déserter (il est évident qu'ils sont de plus en plus nombreux), mais aussi, comme on dit, à un « cercle indéfini de personnes », à l'ensemble de la population russe et surtout aux *siloviki* et aux représentants de l'élite : dans une autre déclaration transmise par son service de presse, Prigojine évoquait « les traîtres tapis dans les bureaux et dans leurs jets d'affaires ». De manière révélatrice, au même moment, Prigojine lançait une offensive contre son adversaire de longue date, un autre protégé de Poutine, le gouverneur de Saint-Pétersbourg, Alexandre Beglov, en écrivant au FSB et au ministère public afin de réclamer qu'on ouvre contre lui une enquête pour soupçon de « haute trahison ».

Ce coup de masse démonstratif assurait enfin à Evgueni Prigojine sa propre zone de violence illégitime, semblable à celle dont dispose depuis longtemps le chef de la Tchétchénie, Ramzan Kadyrov. Celui-ci a sorti sa république du champ constitutionnel et juridique russe, applique sur son territoire la charia, procède à des exécutions extrajudiciaires et à des prises d'otages, tout en interdisant aux représentants des forces de l'ordre fédérales d'intervenir. De la même façon, Prigojine s'était construit sa « république Wagner » où régnait l'arbitraire, où l'on pratiquait à grande échelle le mercenariat (en contravention avec l'article 170 du Code pénal de la Fédération de Russie), l'organisation de groupes armés illégaux (en contravention avec l'article 208 du Code pénal de la Fédération de Russie) et les exécutions sans procès. Il s'étaitt aussi profondément infiltré dans le système du FSIN, recrutant des prisonniers, avant tout des individus condamnés pour des crimes particulièrement graves, les soustrayant à leur lieu de détention et leur promettant d'être libérés et de voir leur casier judiciaire effacé après six mois de participation aux hostilités dans les rangs de sa milice. Ainsi a-t-il dynamité le système russe d'application de la loi, en réduisant à néant le travail de milliers d'agents de police, d'enquêteurs, de procureurs, de juges et d'employés du FSIN. En seulement deux mois, entre septembre et octobre 2022, le nombre de prisonniers internés dans les colonies pénitentiaires russes a diminué de 24 000, passant de près de 349 000 à 325 000, et au cours de l'année 2022, selon Olga Romanova, directrice de la fondation « La Russie derrière les barreaux », Prigojine a enrôlé près de 50 000 détenus.

Par ailleurs, Prigojine humiliait de manière ostentatoire les forces de l'ordre : dans une déclaration adressée au procureur général Igor Krasnov, il avait certifié qu'Evgueni Noujine avait bien combattu en Ukraine en tant que volontaire, mais qu'il était un agent américain recruté par la CIA et qui « avait été au préalable condamné à vingt-sept ans de prison » afin d'infiltrer ensuite le groupe Wagner. Ce show n'était pas destiné seulement aux *siloviki*, mais aussi à son protecteur, Vladimir Poutine : Prigojine présentait au président cette masse, instrument d'exécution sommaire, comme une preuve de sa toute-puissance et de son impunité, tout comme en 2015, à titre de démonstration de la même espèce, le principal opposant politique au président, Boris Nemtsov, avait été abattu sous les murs du Kremlin. Dans les plus hautes sphères du gouvernement russe on observe ses propres règles barbares pour transmettre les messages importants. L'administration présidentielle a fait mine de n'en pouvoir mais : le porte-parole de Poutine, Dmitri Peskov, a déclaré qu'il ignorait dans quelle mesure la vidéo de l'exécution de Noujine correspondait à la réalité et a précisé : « Ce n'est pas notre affaire. » Les propos de Peskov sont une preuve de l'impuissance du Kremlin face à Prigojine, ou plutôt de la carte blanche qui lui était accordée.

Les agissements du « cuisinier de Poutine » figurent le haut degré de désintégration de l'État en Russie, la perte de son monopole fondamental de la violence et sa transformation en une seigneurie médiévale, dont le dirigeant ne jouit pas du droit absolu d'un souverain. Prigojine avait quelque chose d'un *condottiere*, un de ces chefs de bandes mercenaires de l'Italie du Moyen Âge, qui concluait des *condotte* – contrats de louage – pour des opérations militaires, payait à ses combattants des *soldi* (d'où viennent les mots « solde » et « soldat ») et parfois s'emparait du pouvoir dans de grandes villes. Les méthodes d'exécution sont également similaires : le célèbre *condottiere* du XVe siècle Braccio da Montone fracassa un jour la tête de dix-neuf moines sur l'enclume d'un monastère. À Assise, dit-on, il précipita trois hommes du haut des remparts, et à Spolète poussa à bas d'un pont un messager qui lui apportait de mauvaises nouvelles. À une époque, il régna même sur Rome : sous son gouvernement, la Ville éternelle tomba en déclin, bandits et voleurs se multiplièrent à ses alentours. Chassé de la cité en 1422, Montone riposta en détruisant les digues de marbre contenant le Tibre, provoquant ainsi l'inondation de la ville. Braccio da Montone mourut au combat : alors qu'il était blessé, on le laissa délibérément suffoquer, écrasé par le cheval qui s'était effondré sur lui. Sur les instances du pape Benoît XIV, qui le haïssait, il fut enterré en terre non consacrée.

Sur la pente menant la Russie du XXIe siècle à l'archaïsme, l'exécution démonstrative d'un transfuge marque une évolution effrayante des « outils éducatifs » : depuis le goulot de bouteille de champagne sur lequel on fait asseoir les détenus au poste de police « Dalni » à Kazan, en passant par le manche à balai utilisé pour violer les prisonniers, comme en témoignent les archives vidéo du militant des droits de l'homme Vladimir Ossetchkine, jusqu'à la masse de Prigojine. Que verra-t-on ensuite dans ce film d'horreur russe : un marteau-piqueur ? Une tronçonneuse ? La violence en Russie prend des formes de plus en plus raffinées et grotesques, ses métastases pénètrent tous les organes du corps collectif. De manière caractéristique, Noujine, la victime de l'exécution, était lui-même passé par plusieurs institutions de violence au cours de sa vie : service militaire obligatoire, prolongation avec grade d'adjudant dans les troupes internes*, puis démission de l'armée et entrée dans le banditisme au cours des années 1990. En 1999, il commet un meurtre lors d'une rixe (« on allait me tuer, j'ai tué le premier », a-t-il déclaré à la journaliste ukrainienne

* Forces de sécurité héritières de l'Okhrana tsariste, rattachées au Guépéou, puis au ministère de la Défense, et enfin au ministère de l'Intérieur en 1991. En 2016, elles ont servi de base à la formation de la Garde nationale, dépendant, elle, directement du Conseil de sécurité et du président de la fédération de Russie [*N.d.T.*].

Ramina Eskhakzai), pour lequel il est condamné à vingt-quatre ans de détention : on lui aurait attribué des crimes non élucidés commis par d'autres. Une tentative d'évasion, à laquelle seuls deux des quatre participants ont survécu, lui vaut quatre années de plus : il devait être libéré en 2027. Dans la colonie pénitentiaire réservée aux anciens agents des forces de l'ordre, il passait pour une « autorité », jouissait d'avantages prohibés (tablette, téléphone portable), a fait connaissance d'une femme sur Internet et s'est marié. Puis, de manière inattendue pour ses proches, sont survenus son enrôlement dans le groupe Wagner, son envoi au front, sa désertion, sa captivité, son retour mystérieux en Russie et son exécution atroce.

La guerre a libéré et légitimé toute la violence qui était le ciment interne, le lubrifiant des mécanismes du pouvoir russe, mais à présent cette violence jusqu'alors dissimulée éclate au grand jour, elle a pris le contrôle de l'État et désormais elle est en train de le détruire : un pays qui bombarde des zones résidentielles et des centrales thermiques avec des missiles Iskander et Grad est assuré de voir ses problèmes intérieurs réglés à coups de masse. Les autorités ayant perdu définitivement le monopole de la violence, l'argument massue sera utilisé dans les rues et dans les couloirs mêmes du pouvoir. Dans un avenir proche, la Russie sera très probablement confrontée à une flambée de violence intérieure, comme on n'en a pas vu depuis les années 1990 : ainsi que l'a enseigné Lénine, une guerre impérialiste infructueuse dégénère en guerre civile. L'ère des coups de masse arrive en Russie ; pour paraphraser John Donne, n'envoie pas demander sur qui frappe la masse, elle frappe sur toi.

MARÂTRE PATRIE

La guerre en Ukraine ruine de nombreux mythes classiques concernant la Russie. Celui de la « grande culture russe » avec sa « compassion universelle* » et son « pathos humaniste », qui a beaucoup pâli face à l'agression contre l'Ukraine. Le mythe de la « deuxième armée du monde », qui s'est révélée n'être qu'une bande de maraudeurs sadiques et de la simple « chair à canon » mal entraînée, condamnée à mourir absurdement sous les ordres de commandants incompétents à moitié ivrognes. Le mythe de la « révolte russe », qui a fait place au spectacle de l'obéissance servile d'une population tolérant tous les caprices de l'autorité et acceptant la mort comme une fatalité.

Tombé également sous les balles de la guerre, le mythe de la femme russe – patiente martyre, mère attentionnée, épouse dévouée, prête à suivre son mari jusqu'au bout du monde. La guerre a fait voler en éclats cette image romantique autant que patriarcale et l'a remplacée par une

* Expression tirée du « Discours sur Pouchkine » prononcé par Dostoïevski lors de l'inauguration du monument en mémoire du poète, en 1880, à Moscou.

autre : celle de la femme cynique, pragmatique et dénuée de compassion, qui considère l'homme comme un moyen d'obtenir des avantages de l'État. De nombreux témoignages brossent un tableau tragique de décadence morale, d'indifférence et de calcul mercantile. Des milliers de jeunes filles épousent à la hâte des hommes mobilisés la veille de leur envoi au front : la télévision montre des cérémonies de mariages de masse célébrées dans des salles de concert, où un prêtre asperge d'eau bénite des rangées entières de fauteuils. Parfois ces personnes se connaissent à peine, ne sont que d'anciens camarades de classe ou des voisins d'immeuble, mais à présent le soldat mobilisé se change en ressource précieuse, garantissant à sa famille le versement potentiel de 3 à 7 millions de roubles (30 à 70 000 euros) en cas de blessure ou de décès : une somme considérable, surtout pour les régions pauvres, et les fiancés partant au front sont très demandés. On trouve des captures d'écran de forums en ligne où des jeunes filles se plaignent de « l'égoïsme » des garçons du coin, qui partent célibataires à la guerre.

L'indemnisation des familles des hommes tués à la guerre est un genre particulier de sujet exploité par les médias. Chacun en Russie garde en tête la célèbre Lada blanche apparaissant dans un reportage de la chaîne de télévision Rossia, où une mère et un père de la région de Saratov se rendent sur la tombe de leur fils à bord d'une Lada Granta, achetée avec leurs indemnités, et racontent que leur fils aurait aimé avoir une voiture comme celle-ci ; ou, dans le même registre, cette vidéo devenue virale, où des veuves de soldats de la région de Donetsk se voient offrir chacune un manteau par un mécène moscovite, propriétaire d'un magasin de fourrures, et remercient humblement leur bienfaiteur. On prétend d'ailleurs qu'une fois la vidéo tournée, les manteaux furent repris aux veuves, mais le même « échange mari contre manteau de fourrure » est aujourd'hui omniprésent sur les réseaux sociaux – et si l'on aborde le problème du point de vue de l'économiste, le prix d'une vie en Russie, en particulier d'un homme d'âge moyen d'une région déprimée, est bien inférieur à celui d'un bon manteau de fourrure, et le manteau dure plus longtemps...

Au cours des trente dernières années, les relations des mères et des épouses de militaires avec l'État ont radicalement changé. En 1989, le Comité des mères de soldats obtenait un report de la conscription des étudiants, un an plus tard, Mikhaïl Gorbatchev signait des décrets inspirés de leurs propositions qui ont également influencé l'adoption des lois sur l'assurance obligatoire du personnel militaire, sur le service civil de remplacement et plusieurs autres. Durant la première guerre de Tchétchénie (1994-1996), les mères de soldats ont beaucoup travaillé pour retrouver les militaires disparus, les libérer de captivité, rechercher les corps et fournir une aide humanitaire à la population civile de Tchétchénie, ce qui leur a valu de recevoir le prix Nobel alternatif en 1996. Dans la Russie de Poutine, les voix des mères de soldats sont devenues presque inaudibles. Elles ont été remplacées par une organisation publique jusque-là inconnue nommée « Veuves de soldats de Russie ». En janvier 2023, celle-ci a appelé le président de la Fédération de Russie à « mener une mobilisation à grande échelle » et à envoyer à la guerre « des dizaines de millions d'hommes en âge de porter les armes ».

De même que les « mères de soldats » ont été remplacées par des « veuves de soldats », l'engagement civique des femmes en matière d'aide aux militaires, qui auparavant visait en premier lieu à les sauver des horreurs de la guerre, s'est réduit à acheter les uniformes, l'équipement et les produits de première nécessité que l'État ne leur fournit pas. Autrefois, les femmes cherchaient par tous les moyens, bons ou mauvais, à faire revenir les hommes du front ou de captivité, aujourd'hui elles leur envoient du matériel là où ils combattent, assumant ainsi une fonction de soutien logistique. La question de savoir ce que leurs hommes font dans un pays voisin, pourquoi ils y ont été envoyés pour tuer et pour mourir, ne se pose pas en tant que telle.

L'apothéose de la transformation du féminin en militarisme est une vidéo patriotique tournée à Volgograd, l'ancienne Stalingrad, où la statue de la Mère Patrie armée de son épée (symbole douteux en soi, héritier de la vierge guerrière teutonique, la Valkyrie) combat la statue de la Liberté américaine, munie, elle, seulement d'une torche, lui tranche la tête et brandit celle-ci en un geste victorieux.

Qu'est-il donc arrivé à l'image traditionnelle de la femme russe – épouse, mère, grand-mère, donneuse de vie – pendant cette guerre ? Pourquoi a-t-elle complètement perdu ses traits de compassion, d'empathie, de protection, d'amour ? De toute évidence, la désintégration et l'atomisation de la société russe ainsi que l'anomie sociale ont atteint un tel point qu'elles ont affecté les liens familiaux les plus fondamentaux : le biologique et le génétique ont laissé place au patriotique et au sanguinaire. Les relations entre la mère et l'enfant, l'épouse et l'époux perdent de leur caractère intime, altérées qu'elles sont par l'idéologie, le chauvinisme, le militarisme et la peur d'un État répressif. Combien d'histoires avons-nous entendues au cours de ces derniers mois sur la façon dont les mères, au lieu de cacher leurs fils au moment de la conscription, les envoient elles-mêmes au commissariat militaire « pour éviter les problèmes » ? Dans une vidéo récente postée sur TikTok, une femme russe visiblement éméchée, attablée, un verre à la main, s'adresse aux Ukrainiens : « Je suis une maman, j'ai donné naissance à quatre gars, et j'ai aussi deux filles. Et v'là que, maintenant, je vais vous les sacrifier tous les quatre ! Vous briserez jamais la Russie, bande de connards, j'en pondrai d'autres. » Sur ces mots, elle exhibe son impressionnante poitrine. « C'est comme ça qu'on est, nous, les mères russes[1] ! » L'expression apocryphe « nos femmes en feront d'autres », que le maréchal Joukov aurait prononcée en réponse au général Eisenhower, étonné du nombre de soldats que l'Armée rouge avait sacrifiés lors de la prise de Berlin, s'incarne ici au le sens le plus littéral : les hommes sont utilisés comme chair à canon, et les femmes comme machines à produire encore plus de matière première.

La dégradation sociale et démographique qui affecte de nombreuses régions déprimées de Russie, d'où proviennent la majorité des mobilisés, est à l'origine de cette indifférence des épouses et des mères voyant leurs hommes expédiés au front. La pauvreté, le chômage, l'endettement qui vous rend prisonnier des banques, l'alcoolisme et le désœuvrement masculins dans les petites villes et les villages, l'éclatement des familles et la violence domestique font que l'homme est de plus en plus souvent considéré comme un fardeau. Selon les anthropologues de la ville sibérienne de Krasnoïarsk : « Si la première vague de mobilisation s'est déroulée dans un tel calme, c'est parce que la misandrie – l'hostilité, le mépris des femmes à l'endroit des hommes – y est très forte. On a envoyé dans les tranchées les “bons à rien”, qui ne sont d'aucune utilité dans la vie quotidienne. S'ils meurent, c'est encore mieux : avec les indemnités funéraires, on peut quitter la Sibérie et acheter une maison ou un appartement sur le “continent”[2] » – autrement dit dans l'ouest du pays.

En fait, l'État russe a réussi à créer une société où non seulement les élites, mais presque tous les groupes qui la composent sont « nationalisés » : bureaucratie et monde des affaires, fonction publique et classe moyenne, arts et sciences. Dans le même esprit, il s'est produit une transformation des femmes en une sorte de classe dépendant du budget de l'État. Aujourd'hui, elles échangent au rabais des corps d'hommes contre des voitures et des manteaux de fourrure à la foire sanglante de la guerre. La mère patrie s'est révélée une marâtre patrie qui envoie ses fils à une mort certaine.

UN ÉTAT MASCULIN

Finalement, la chose a été officiellement formulée et confirmée par la cour : un « ordre social androcentrique » prévaut en Russie, et lutter contre celui-ci est criminel. Il s'agit d'une citation de l'expertise effectuée dans le cadre de l'« affaire théâtrale » : la dramaturge Svetlana Petriïtchouk et la metteuse en scène Evguenia Berkovitch sont accusées d'« apologie du terrorisme » pour un spectacle, *Finist, vaillant faucon*, contant l'histoire de jeunes filles russes tombées amoureuses d'islamistes. En plus d'une « idéologie islamiste et djihadiste », l'expert a décelé dans la pièce « des signes d'idéologie féministe radicale » et de « lutte contre l'ordre social androcentrique de la Russie ». Les accusées attendent leur condamnation dans un centre de détention provisoire. Si elles sont reconnues coupables, elles risquent cinq à sept ans de détention.

Les expertises judiciaires en Russie sont généralement effectuées par des « experts » peu connus et spécialement sélectionnés par les enquêteurs du parquet. Cependant, ces documents sont intéressants dans la mesure où ils disent des choses importantes qui se transforment ensuite en politique de l'État. Dans le cas présent, il s'agit d'assimiler le féminisme à l'extrémisme (rappelons qu'en avril 2023 le député de la Douma d'État Oleg Matveïtchev a justement présenté une proposition de loi visant à reconnaître le féminisme comme une idéologie extrémiste) et de reconnaître juridiquement le rôle fondamental et fondateur des hommes en Russie.

Ce n'est un secret pour personne que le patriarcat domine en Russie, mais c'est la première fois, semble-t-il, qu'on déclare aussi naïvement et sans détour qu'il est fondamental et que lui porter atteinte est criminel. En effet, la discrimination à l'égard des femmes en Russie est systémique, structurelle et nécessaire pour le fonctionnement de la société et de l'État traditionnels, tels qu'ils ont été restaurés sous Poutine. Les femmes sont discriminées sur leur lieu de travail (où elles perçoivent un salaire inférieur de 30 % à celui des hommes à tâche égale), à la maison (où elles travaillent en moyenne quatre à cinq heures par jour contre une demi-heure pour les hommes), dans les rituels de la vie quotidienne, et même dans la langue russe où les mots « metteuse en scène » et « autrice » provoquent les protestations du public.

La violence familiale en Russie est un autre sujet sensible. Les chiffres exacts sont inconnus, dissimulés dans les statistiques policières et médicales, et restent sous-déclarés, allant de quatorze mille femmes assassinées par an selon le ministère de l'Intérieur (soit une moyenne d'un meurtre toutes les quarante minutes) à seize millions de femmes victimes de violences domestiques, selon la militante des droits de l'homme Alena Popova. La loi sur la violence domestique, qui devait être soumise à la Douma d'État fin 2019, a été bloquée par le patriarche Kirill et le confesseur de Vladimir Poutine, le métropolite Tikhon Chevkounov, avec l'actif soutien médiatique de « l'oligarque orthodoxe » Konstantin

Malofeïev. Depuis lors, d'abord pendant la pandémie, puis maintenant que se poursuit la guerre contre l'Ukraine, le niveau de violence domestique en Russie a considérablement augmenté.

En fait, l'ensemble du règne de Poutine peut être considéré comme une revanche du patriarcat, des hiérarchies traditionnelles du pouvoir, un retour à la violence accompagné d'une volonté d'écraser les germes d'émancipation apparus dans les grandes villes, dans la culture moderne, au sein de la jeune génération. Le poutinisme est une réaction de la société traditionnelle aux défis de la mondialisation, du pluralisme, du multiculturalisme, à l'évolution des rôles de genres et à la transformation de la famille. La réponse a été une croisade pour les « agrafes », avec sa masculinité dominante, son image du guerrier masculin, sa fétichisation de la famille et de la procréation, ses cultes phalliques (ainsi les étalages de fusées lors des défilés militaires) et son mépris pour l'homosexualité. Comme beaucoup de dictateurs, Poutine a trouvé dans l'homophobie et le culte de la famille une mine d'or et une idée nationale : si, dans la rue, on demande au commun des mortels pourquoi la Russie se bat aujourd'hui, la réponse sera probablement : « Pour qu'il n'y ait pas de mariages homosexuels » et « pour qu'il n'y ait pas de "parent n° 1" et "parent n° 2" », dont la propagande lui parle jour et nuit.

Le problème réside aussi dans l'image de Poutine lui-même : à la tête d'une superpuissance nucléaire se trouve un officier du KGB à la masculinité toxique prononcée, qui depuis trois décennies s'applique à passer pour un mâle alpha, un « mari idéal » aux yeux de son principal électorat – la femme fonctionnaire âgée de 50 ans et plus – et de cette partie du public mondial nostalgique de discours et de gestes virils face aux politiciens libéraux mollassons de l'Occident moderne. D'où les blagues de prison qu'affectionne Poutine, les photos le montrant dans le cockpit d'un avion de chasse, sur le pont d'une vedette ou torse nu lors d'une partie de pêche, d'où sa condamnation de la lutte contre le harcèlement sexuel menée en Occident, couplée à son approbation de la violence masculine (« Violer dix femmes ! Ça, c'est un homme ! Nous l'envions tous », a-t-il déclaré à propos de l'ancien président israélien Moshe Katsav, condamné à sept ans de prison pour viol). Son pendant parfait dans le monde politique serait Donald Trump : il existe de nombreuses photos où on les voit assis l'un à côté de l'autre dans des fauteuils, dans la pose classique dite de *manspreading*, les cuisses largement écartées.

Aujourd'hui, l'État patriarcal russe, dirigé par un individu toxique, violeur en puissance, a déclenché une guerre criminelle contre l'Ukraine pour préserver ses privilèges masculins. Cette guerre a une évidente connotation de genre : dans le discours patriotique russe, l'Ukraine est placée dans la position de « sœur cadette » ou d'« épouse infidèle » qu'il faut faire revenir dans le « giron familial ». La construction idéologique se mue en une orgie de violence : les preuves de viols de femmes ukrainiennes âgées de 8 à 80 ans par des soldats russes se multiplient. La puissance masculine déclinante de la Russie s'est heurtée de manière inattendue à un jeune rival plus fort qu'elle et, dans sa fureur, elle s'en prend aux civils, aux femmes et aux enfants sans défense. Quand vous voyez, sur une photo prise à Marioupol devant une maternité bombardée, une femme enceinte mortellement blessée, transportée sur une civière par des volontaires, et essayant de couvrir son ventre qui paraît ne plus être qu'une bouillie sanglante ; quand vous voyez sur une photo prise à Boutcha la main encore manucurée d'une femme torturée par l'occupant, gardez en mémoire qu'elles ont été assassinées par un « pays androcentrique » du nom de « Fédération de Russie ».

Il y a quelques années, avant la guerre, la Russie fut secouée par un scandale lié au mouvement « État masculin » dirigé par le blogueur Vladislav Pozdniakov. Ce mouvement se donnait pour tâche de harceler et persécuter les femmes et les personnes LGBT. En octobre 2021, il fut reconnu par la justice comme extrémiste et interdit sur le territoire russe. Pozdniakov s'enfuit au Monténégro, et dirigea durant un certain temps une chaîne Telegram du même nom que son mouvement, mais aujourd'hui ses activités sont au point mort. Ce n'est plus utile : la Russie elle-même s'est transformée en un « État masculin » meurtrier.

LES « GAMINS RUSSES » À LA GUERRE

À la faveur de la rentrée scolaire, l'École supérieure d'économie (ESE), université russe de premier plan, a publié sur son site web le monologue d'un étudiant en langues et civilisations orientales, qui, à la fin de sa troisième année, avait pris un congé académique et, avec un ami étudiant en philosophie, s'était engagé pour combattre en tant que volontaire.

Afin d'expliquer sa décision, il cite un poème d'Anna Akhmatova qu'il aurait vu écrit sur un mur de Marioupol occupée par les Russes : « L'heure du courage a sonné, et le courage ne nous quittera pas. » « Cela reflète pleinement ma motivation », déclare l'étudiant dans son texte, fruit manifeste du travail des spécialistes en relations publiques de la « Vychka », comme on surnomme communément l'ESE, « nous sommes partis faire ce boulot, entre autres, pour que cette ville continue de vivre, pour que l'université, les écoles, les hôpitaux fonctionnent ici, pour que l'ennemi ne vienne pas chez vous ».

Selon lui, l'ESE et son mouvement étudiant patriotique baptisé « Le Corbeau blanc » l'ont aidé à se préparer pour les combats. Au front, il a aimé la simplicité de la vie militaire : « C'était plus facile pour moi là-bas qu'ici pendant les derniers mois de mes études. On vire le superflu, et tout devient évident : de ce côté, les nôtres, de l'autre, les ennemis. » Il faisait partie d'un groupe d'évacuation chargé de livrer médicaments et nourriture sur la ligne de front et d'en ramener « les blessés, les morts et les trophées ». Lors de l'un de ces raids, son groupe a essuyé des tirs de mortier, il a été touché par des éclats d'obus et en a gardé un bras partiellement paralysé. De retour à Moscou, il « a ressenti le calme, la joie, la paix. On traverse le périphérique, on revoit les quartiers de préfabriqués, son propre immeuble, la pelouse tondue, l'asphalte bien posé, on embrasse sa famille et on se rappelle les jours encore récents où l'on essayait de se protéger des tirs, où l'on marchait sur le fil du rasoir ».

Des journalistes ont découvert le nom de cet étudiant : il s'agit d'un étudiant de troisième année du cursus « Mongolie et Tibet », Maxime Goula. Ses camarades le décrivent comme un jeune homme ambitieux et motivé, ancien membre du conseil des étudiants. En mars 2023, il s'était déjà rendu à Marioupol en tant que bénévole de l'Église orthodoxe russe, et avait également participé à la création de l'organisation étudiante « L'ESE pour les enfants » : sur les photos publiées sur sa page VKontakte, le Facebook russe, il apprend à des écoliers à manier une kalachnikov. Dans l'avenir il projette de s'inscrire au centre de formation militaire de l'ESE, de « terminer ses études pour devenir un agent de renseignements compétent en langues étrangères ». « Un tel spécialiste, on se l'arrache », dit-il dans une interview. Cependant, son bras est toujours partiellement paralysé, le nerf radial est endommagé et réclame une opération coûteuse, pour laquelle la direction de l'ESE a promis de l'aider.

Tous les étudiants de l'ESE n'ont pas eu la chance de revenir vivants comme Maxime. Sur le site web de l'université, on trouve une nécrologie d'un étudiant de première année, Taras Alexeïev, décédé en Ukraine en juin 2023 à l'âge de 20 ans : « En dépit d'excellents résultats dans ses études, au printemps de cette année, le jeune homme a décidé de se porter volontaire pour l'opération militaire spéciale. » Sur la photo, le visage d'un enfant aux grands yeux, en caban et chapka. Il est difficile d'estimer le nombre total d'étudiants de l'ESE qui se sont engagés en tant que volontaires, mais en tout cas il est élevé : la page VKontakte du mouvement « Le Corbeau blanc » transmet régulièrement des saluts envoyés « de l'avant » par des membres de la communauté répondant aux pseudonymes de « Forestier » et « Hiver », et dans une interview d'un employé de l'ESE, un certain Sergueï Seleïev, lui aussi parti volontairement à la guerre, il est mentionné que, « dans l'une des unités de combat anti-drones, le meilleur chasseur de drones est un diplômé en science politique de la faculté des sciences sociales de l'ESE ».

L'ESE n'est pas un vain mot pour moi. J'y ai enseigné pendant seize ans, de 2004 à 2020, au sein de la même faculté et du même cursus qui produisent aujourd'hui les « meilleurs chasseurs de drones ». Je me souviens qu'il y a trois ou quatre ans, l'administration de l'université se démenait hystériquement pour interdire aux étudiants de se rendre aux meetings de l'opposition, s'exclamant : « Ce sont encore des enfants ! » Et aujourd'hui, les mêmes personnes équipent de leurs propres mains les mêmes enfants pour les expédier à la boucherie, en soutenant une organisation qui encourage les étudiants à s'engager comme volontaires et relaie les exploits de ceux qui sont partis au front. L'ESE n'a jamais été une université indépendante, juste une filiale du gouvernement et de l'administration présidentielle, affublée d'une enseigne libérale. Le 24 février a remis les choses à leur place, en montrant ce que valaient vraiment ces « poches de modernisation », comme Yandex, Sberbank* ou l'ESE, qui se sont docilement attelées au char de la guerre. Dans cette histoire, je ne m'intéresse pas tant à la dégradation morale d'une université qui opère dans un territoire occupé par la Russie et accueille les séparatistes de Donetsk et de Lougansk** qu'à ce qui se passe dans la tête d'étudiants d'une université d'élite qui se portent volontaires pour aller tuer en Ukraine.

Il ne s'agit pas du désespoir d'une région déprimée de Transbaïkalie, ni de crédits impayés, ni d'impasse existentielle, tous motifs conduisant souvent à la signature d'un contrat prometteur de gains fabuleux, non, nous avons affaire ici aux étages supérieurs de la pyramide de Maslow : motivation idéologique consciente, besoin de réalisation de soi. Les « gamins russes » dont Dostoïevski parlait dans *Les Frères Karamazov* partent à présent en Ukraine résoudre à la guerre les éternelles questions que pose l'existence, ils y vont quérir une gorgée d'identité, d'extrême, d'adrénaline, ils y vont pour « devenir des hommes ». Une fois digéré le choc des premières défaites et de la mobilisation, après avoir enfoncé dans le sol ukrainien ses casemates en béton et posé ses champs de mines, après s'être dotée d'un puissant système d'incitations, de motivations et de promesses de carrière (les économistes parlent même de

* Entreprises de haute technologie qui ont créé leurs propres écosystèmes d'information et ont longtemps été considérées comme des vecteurs de modernisation, à l'image de l'École supérieure d'économie.

** Le recteur de l'ESE, Nikita Anissimov, a signé un accord de coopération stratégique avec le gouvernement de la République populaire de Lougansk.

« nouveaux riches » s'étant constitué un capital grâce aux commandes et aux versements de l'armée), la guerre, en son deuxième été, est entrée dans une nouvelle phase : elle ne se contente plus de se normaliser et de devenir routinière, elle se romantise et s'héroïse. Les deux tiers de ceux qui partent au front sont aujourd'hui des volontaires, c'est-à-dire des tueurs à gages. La guerre travaille lentement au sein de la société russe, fixant l'horizon de la vie quotidienne, emportant les corps, corrompant les âmes, devenant une expérience extrême pour une nouvelle génération.

Il s'agit d'un profond glissement anthropologique. Une collaboratrice de la revue en ligne *Kholod* a publié une étude sur les rencontres amoureuses en temps de guerre, où elle livre un large panorama de spécimens masculins de la capitale à l'époque de l'« opération militaire spéciale » : « Au retour de sa période d'engagement, avec l'argent gagné, le gars voudrait ouvrir un salon de coiffure en ville. Mieux vaudrait en effet qu'il manie les ciseaux plutôt que de faire la guerre. Le voici, grand et maigre, en sweat à capuche et pantalon de rappeur, puis là en trench-coat à carreaux – un vrai dandy, avec coupe en brosse décolorée dernier cri et un petit chien. Qu'est-ce que t'es allé foutre là-bas ? "Je suis allé soutenir mon vieux." Est jointe une photo du père, militaire au physique athlétique. » Le barman d'un établissement à la mode, couvert de tatouages, réclame un « rendez-vous le plus tôt possible » : à la fin de la semaine, il part pour six à huit mois « derrière le ruban* ». Un copain avec qui on joue de la musique se révèle être un ingénieur spécialiste en missiles. Un soupirant binoclard et malingre rencontré dans un bar fabrique, lui, des drones. Une amie

* Expression issue du jargon militaire signifiant « au-delà des frontières de la Russie », c'est-à-dire en Ukraine.

de la journaliste lui parle de son nouveau chéri servant comme opérateur radio à la guerre et qui est revenu en permission : elle est entrée dans sa chambre et y a vu, bien en évidence, une veste militaire ornée d'une foule d'écussons montrant le drapeau ukrainien et d'autres insignes des forces armées ukrainiennes. « Elle lui demande : "Qu'est-ce que c'est que ça ?" Il répond qu'il s'agit d'une parka prise à un Ukrainien tué. C'est de ses propres mains qu'il a cousu sur le vêtement du mort des insignes prélevés sur d'autres cadavres. » Malgré cela, la jeune fille continuait à sortir avec lui.

J'avoue qu'aux premiers mois de la guerre, j'ai cru naïvement qu'elle deviendrait un moment de vérité et amènerait à la clairvoyance : vague d'enterrements, témoignages terribles en provenance du front, pénurie croissante de marchandises et inflation, isolement du pays et montée de la répression… tout cela allait saper et disloquer la majorité soutenant Poutine et la guerre. J'avais tort : le conflit n'a ouvert les yeux à personne, il les a clos encore plus fort. Poutine a offert à la Russie un modèle fonctionnel d'identité nationale – la guerre –, et pour la première fois en trente ans depuis l'effondrement de l'Union soviétique le pays a accepté les termes du jeu : certains avec enthousiasme, d'autres parce qu'ils ne pouvaient faire autrement, et d'autres encore en faisant la figue dans leur poche, comme il est d'usage en Russie. Je me souviens à présent d'une conversation avec le politologue Vladimir Pastoukhov en juin 2022, il avait alors noté avec justesse que le but de cette guerre était la guerre elle-même. La partie rationnelle et technocratique de la direction russe, disait-il, « a développé l'idée que la guerre est un état normal, sain et utile pour la Russie. Cette guerre doit être constamment entretenue, comme la lente flamme d'un brûleur. Parfois, on cuisine à feu vif, mais il est des bouillons qui doivent mijoter pendant des heures à feu doux. À présent, pour eux, la guerre est ce petit feu sur lequel ils veulent poser la Russie et la laisser bouillotter, jusqu'à obtenir au bout de vingt-cinq ans le bouillon culturel totalement différent dont ils ont besoin. Ils comptent sur le fait que, pendant qu'ils brûlent à petit feu, l'Europe se consumera et tombera en enfer[1]. »

Nous voyons aujourd'hui les premiers résultats de cette lente ébullition. La viande commence déjà à se détacher des os. Maxime Goula, qui a été interviewé sur le site de l'ESE, n'est pas disponible pour commenter son témoignage : malgré sa blessure non guérie, il est retourné au front. Les « gamins russes » partent à la guerre. Ils ne deviendront jamais des hommes, non seulement parce que beaucoup ne sortiront pas vivants des tranchées de Bakhmout, mais parce que la masculinité est une responsabilité, et non un infantilisme criminel. Dostoïevski était un prophète : ses « gamins » sont devenus des « possédés », puis des tchékistes, et aujourd'hui ils s'en vont tuer en Ukraine.

PRIGOJINE ET LE NÉANT

Le char du groupe Wagner coincé dans les portes du cirque de Rostov-sur-le-Don est la meilleure métaphore de la féerie qu'Evgueni Prigojine, le principal showman de la Russie moderne, a mis en scène le 24 juin 2023. Le pays n'avait pas connu de tel spectacle depuis le coup d'État d'août 1991. On ne sait toujours pas très bien s'il s'agissait d'une tentative planifiée de putsch militaire, de la crise de colère bien orchestrée d'un voyou ou d'un classique règlement de comptes entre gangsters. Peut-être était-ce tout cela à la fois, mais c'est sans importance. Le spectacle de Prigojine, quelle que soit sa nature, a porté un coup au pouvoir de Poutine – pas encore un knock-out, mais certainement un knock-down. Et ce n'est pas une coïncidence si, exactement deux mois après la mutinerie, Prigojine a été éliminé de manière exemplaire alors qu'il était à bord de son avion avec l'état-major de son entreprise.

Depuis des années, experts et journalistes s'ingéniaient à définir le rôle de Prigojine dans le système. On l'appelait « le cuisinier de Poutine », l'exécuteur des missions secrètes et « le boucher de Bakhmout », sa milice privée était comparée soit à l'armée d'*opritchniki* d'Ivan le Terrible, soit aux *condottieri* de l'Italie de la Renaissance. Pourtant, il serait plus exact, dans le paradigme médiéval du pouvoir auquel est habituée la Russie, de le qualifier de « bouffon du tsar ». Les bouffons n'avaient pas de statut officiel à la Cour, mais occupaient une place importante dans le système du pouvoir, comme Ivan Balakirev sous les règnes de Pierre et d'Anna Ioannovna. Avant tout, ils avaient le privilège de dire la vérité et de critiquer le souverain – ce que Prigojine a fait tout au long de l'année 2023, déballant quotidiennement sur les réseaux sociaux et dans les médias de pleins sacs de vérités sorties des tranchées – sur les vols commis par les « voïvodes » et les « boyards », sur la lâcheté des commandants et les pertes quotidiennes russes s'élevant à un millier d'hommes, sur le « grand-père » à moitié fou et l'échec stratégique de l'ensemble de la guerre, gagnant ainsi en notoriété en tant que plus grand populiste du pays. Ses monologues déchirants, qu'on eût dit extraits des pages des médias d'opposition, eussent immédiatement valu à n'importe qui d'autre une peine de prison pour « discréditation de l'armée », mais dans son cas, le Kremlin et les *siloviki* observaient un silence total.

En plus d'évidentes vérités sur la guerre perdue, Prigojine a révélé le principal secret de la Russie de Poutine : le vide là où devraient se trouver le pouvoir et l'État. Le plus surprenant quant à ses deux jours de mutinerie en juin 2023 est qu'il n'a rencontré pratiquement aucune résistance nulle part. C'est sans résistance qu'il a levé son armée (bien que des mouvements de troupes aient été signalés par les services de renseignements américains deux jours avant la mutinerie) ; sans résistance qu'il a occupé Rostov, d'où le ministre de la Défense, Sergueï Choïgou, et le chef d'état-major, Valeri Guerassimov, s'étaient enfuis précipitamment, faisant alors prisonniers et admonestant leurs adjoints Iounous-bek Evkourov et Vladimir Alexeïev devant les caméras, comme s'ils étaient deux écoliers polissons ; sans résistance encore qu'il s'est emparé d'une autre capitale régionale de plus d'un million d'habitants, Voronej, avant de parcourir 1 000 kilomètres en vingt-quatre heures jusqu'à Kachira, pour s'arrêter à 200 kilomètres de Moscou. La police, la Garde nationale, les forces spéciales du FSB sont restées cachées, tandis que les gouverneurs désemparés faisaient creuser des tranchées en travers des autoroutes et dresser de pitoyables barrages constitués de camions à ordures. Les appareils militaires volant à proximité du convoi des mutins ont été anéantis d'un coup : six hélicoptères, un poste de commandement aéroporté Il-22, une « forteresse volante » et treize pilotes que les autorités, sans broncher, ont comptabilisés au chapitre des dommages collatéraux.

De résistance de la part des citoyens, il ne fut pas même question. À titre de comparaison, lors de la tentative de coup d'État militaire de juillet 2016 en Turquie, des centaines de milliers de personnes sont descendues dans la rue pour protester, des gens se sont couchés devant les chars des putschistes, la police et la majeure partie de l'armée sont restées fidèles à Erdoğan – à Rostov, la population a accueilli les « musiciens* » avec des fleurs : on leur apportait de la nourriture et des cigarettes, on prenait des selfies avec eux et on les applaudissait. La ville était comme en fête – une fête qui s'est achevée la nuit par

* Surnom populaire donné aux combattants de Wagner, en référence au compositeur. Le nom de la milice lui-même vient de l'indicatif d'appel de son commandant, Dmitri Outkine, qui, selon les rumeurs, était un adepte de la symbolique nazie et de la musique de Richard Wagner. Outkine et Prigojine étaient à bord de l'avion privé qui s'est désintégré en vol le 23 août 2023.

des feux d'artifice. Pendant ce temps, la panique régnait à Moscou, des postes de contrôle étaient mis en place dans les quartiers de Konkovo et de Troparevo, dans le sud-ouest de la ville, les deux avions présidentiels s'étaient envolés pour Valdaï, entre Moscou et Saint-Pétersbourg, les autorités fuyaient, les gares et les aéroports étaient le théâtre de bousculades, tandis que les prix des billets d'avion grimpaient en flèche. Involontairement, on rejouait la panique moscovite d'octobre 1941 : l'arrivée des troupes allemandes en ville d'un jour à l'autre, les papiers brûlés dans les ministères et les magasins pillés par la foule.

Il semble que Prigojine lui-même ait été troublé par une telle capitulation face à un détachement de cinq mille baïonnettes (selon une estimation approximative d'experts militaires). Il s'était mis en marche par bravade, mais ne s'attendait sans doute pas à aller si loin. Le mur se révélait en carton, le poing frappait dans le vide. Comme les Tatars six siècles plus tôt, il s'arrêta au bord de l'Oka. De toute évidence, il n'entrait pas dans ses plans de s'emparer du Kremlin. Force lui fut d'improviser une manœuvre de secours : une retraite vers la Biélorussie. Mais l'essentiel avait été accompli : son raid avait mis en évidence l'effondrement de l'État et le vide béant qui règne là où sont prises les décisions.

Les gesticulations ultérieures du Kremlin, le discours impuissant de Poutine à la télévision, le refus juridiquement absurde de poursuivre les mutins « parce qu'ils ont mis fin à leurs actions visant directement à commettre un crime », les courbettes devant les *siloviki* et l'annonce du projet d'équiper la Garde nationale de chars et d'armes lourdes – tout cela n'a fait qu'exacerber l'humiliation publique du président. Le roi s'était révélé nu et lâche. On se retrouvait devant une histoire à la Pelevine qu'on aurait pu intituler « Prigojine et le néant* ».

À dire vrai, ces événements rappellent plutôt la nouvelle *Le Prince du Gosplan* du même Viktor Pelevine. L'auteur y décrit de manière satirique la période de la fin de l'URSS : des fonctionnaires de puissantes administrations sont exclusivement occupés à jouer à des jeux vidéo dont certains éléments font de temps à autre irruption dans leurs vies : le bureau du chef du département renferme un char Abrams sorti de *World of Tanks*, un fonctionnaire détaché venu de Penza brandit un canon emprunté aux *Gardiens de la galaxie*, et dans la rue Tverskaïa à Moscou peut fort bien surgir une « trancheuse-en-deux » qu'il convient d'éviter habilement. Le protagoniste, un programmeur du Gosplan, parcourt le jeu en essayant d'atteindre le niveau le plus élevé, le douzième, où une princesse l'attend. Il réussit et atterrit dans une pièce aux airs de débarras, y trouve quelques vieux recueils de journaux et de grands flacons vides, mais aussi une princesse : une poupée de chiffons avec une citrouille en guise de tête. Frustré, il lui flanque un coup de pied, et elle vole en morceaux dans les coins de la pièce… Si une armée de libérateurs entre un jour dans Moscou – peu importe qu'il s'agisse de wagnériens, de kadyrovistes, de soldats de l'OTAN à bord de chars Abrams ou de l'Armée populaire de libération chinoise équipée de chars Type 99 –, à la place de Poutine on trouvera probablement une poupée de chiffons toute pareille, tandis que les haut-parleurs diffuseront une sélection de slogans dénués de sens, générés par une intelligence artificielle. Evgueni Prigojine a révélé

* Allusion au titre d'un roman de Viktor Pelevine, *Tchapaïev et le néant* (1996), traduit en français par Galia Ackerman et Pierre Lorrain sous le titre *La Mitrailleuse d'argile*, Le Seuil, 1997 [*N.d.T.*].

un secret de Polichinelle : la Russie est un pays factice, un pays-mensonge, un pays-malentendu, tel le char du groupe Wagner coincé dans les portes d'un cirque. Deux mois plus tard, cette révélation devait lui coûter la vie.

LA GUERRE EN TANT QU'IDÉE NATIONALE

Des fusils au mur

L'un des sports préférés en Russie est la quête d'une idée nationale. Au cours des trente dernières années, le rôle de l'idée nationale a été revendiqué par la démocratie et l'économie de marché, l'« adhésion à la communauté des nations civilisées », le doublement du PIB, la construction d'une démocratie souveraine et d'une superpuissance énergétique, l'annexion de la Crimée et la réunification du « monde russe ». En 2022, cette quête de trente ans est terminée, après avoir erré dans le désert aride de la transition postsoviétique la Russie a trouvé son idée nationale définitive, et cette idée c'est la guerre.

L'idée est si simple et si évidente qu'il faudrait décerner à Poutine, pour l'avoir eue, un prix d'État ou une médaille spéciale qu'il n'aurait pas encore : c'est comme si toutes les contradictions sociales et les querelles agitant l'élite avaient été gommées d'un coup, comme si la Russie avait retrouvé avec soulagement sa forme anatomique familière et occupait la niche écologique à laquelle l'histoire l'a prédestinée. La guerre se déverse en flux continu sur les écrans de télévision et les chaînes Telegram de propagande, inonde les panneaux d'affichage le long des rues et aux arrêts de bus, où les publicités pour déodorant ont fait place à des « héros » inconnus de l'invasion de l'Ukraine. Les enfants en classe écrivent des lettres aux soldats et confectionnent des colis pour le front, tandis que des « pupitres de héros » sont installés dans les écoles dont d'anciens élèves sont morts à la guerre. En province (Moscou et Saint-Pétersbourg ne figurent que très peu sur la carte des pertes), on prend l'habitude de recevoir des avis de décès, suivis de caisses en zinc marquées « cargo-200 » ; lors des funérailles, les femmes froissent leurs mouchoirs d'un geste coutumier, les hommes fument à l'écart, la mine maussade, cependant qu'un commissaire militaire en chemise délavée prononce des phrases apprises par cœur et appelle à combler les pertes – tout se passe comme dans les films de guerre, les manuels d'histoire, les légendes familiales : nos grands-pères se sont battus, nos pères se sont battus, nous aussi, nous nous battons. C'est comme si, pendant toutes ces années, la Russie avait douloureusement cherché à se souvenir de son mode d'existence traditionnel et qu'elle l'eût enfin trouvé : l'harmonie entre le pouvoir et la société est établie, et dans la lointaine Bouriatie un homme, les larmes aux yeux, remercie l'État de lui avoir rapporté le corps de son neveu parachutiste tué en Ukraine à 5 000 kilomètres de là : « C'est bien vrai, ce qu'on dit, qu'on n'abandonne pas les nôtres* ! »

En somme, la guerre est l'ontologie de base de la société russe, l'appareil optique de l'homme russe. Une guerre

---

* « Nous n'abandonnons pas les nôtres ! » est un autre slogan de propagande qui explique l'invasion russe par la nécessité de « sauver la population russophone ».

séculaire de l'État colonisateur répressif contre une population perçue par les autorités comme une ressource naturelle inépuisable et, en retour, une guerre de l'individu contre l'État, une aspiration à tromper et à voler, dont parlait déjà le sociologue russe Iouri Levada, quand il définissait l'*Homo sovieticus* comme « l'homme pervers ». Une guerre entre les individus dans une société divisée, atomisée et aigrie. Une guerre au sein de toutes les institutions de la société, que ce soient la police, le système pénitentiaire, l'école et la famille, une guerre patriarcale des hommes contre les femmes et des adultes contre les enfants, une guerre du centre contre la périphérie et une guerre de l'empire contre les colonies. La meilleure métaphore de la société russe ce sont les routes de Russie, lieux d'une guerre incessante où règnent la force, l'argent, le statut et les ressources administratives ; le trafic russe, ce n'est pas une circulation de véhicules entre un point A et un point B, mais une clarification permanente des statuts et la quête d'une réponse à l'éternelle question russe : « Tu es qui, toi ? »

La Russie a marché vers la guerre tout au long du règne de Poutine, marqué par de somptueux défilés militaires (le 9 mai 2008, pour la première fois depuis vingt ans, du matériel militaire lourd paradait sur la place Rouge, et trois mois plus tard, les chars russes entraient en Géorgie), par le culte hystérique de la Victoire avec ses rubans de Saint-Georges et ses autocollants « On peut le refaire », ses enfants en vareuse militaire promenés dans des poussettes en forme de lance-roquettes, son biathlon de chars, son monument pompeux à Mikhaïl Kalachnikov (en fait, au fusil d'assaut qu'il a inventé, reconnu comme la principale contribution de la Russie à la civilisation mondiale), son temple infernal des forces armées à Koubinka. Grâce aux efforts de Vladimir Medinski et de sa Société d'histoire militaire, l'histoire militaire est devenue le genre historique prépondérant, au point que l'écrivain patriotique Zakhar Prilepine a compilé une histoire de la littérature russe intitulée *Le Peloton. Officiers et miliciens de la littérature russe*. Le militarisme est devenu l'idéologie de l'État, la guerre a captivé l'imagination de la nation, des fusils de Tchekhov* étaient accrochés à tous les murs, mais nous refusions obstinément de les prendre au sérieux, considérant tout cela comme un jeu postmoderne et un théâtre politique.

En réalité, le Kremlin se préparait à une guerre majeure depuis au moins quinze ans, depuis 2007, quand Poutine, dans un discours lors de la conférence de Munich sur la sécurité, exposa les plans de la Russie pour changer l'ordre mondial, un discours qui fut comme une douche froide pour l'Occident. La même année, le Kremlin se passionnait pour le roman fantastique de Mikhaïl Iouriev, *Le Troisième Empire. La Russie comme elle devrait être*, dans lequel il décrivait la Russie expansionniste du futur, dirigée par un empereur et une *opritchnina***. (Un an plus tôt, le roman dystopique de Vladimir Sorokine *Journée d'un opritchnik* décrivait également une dégénérescence autoritaire de la Russie dans les années 2030, combinant les caractéristiques du Moyen Âge russe avec les technologies numériques et génétiques.) De nombreux événements survenus les années suivantes correspondent partiellement à l'intrigue du *Troisième Empire*, ce qui a permis à beaucoup de classer l'auteur, décédé en

* Le principe dramaturgique d'Anton Tchekhov : « Si dans le premier acte vous indiquez qu'un fusil est accroché au mur, alors il doit absolument être utilisé quelque part dans le deuxième ou le troisième acte. »

** Milice constituée par Ivan le Terrible et placée sous son seul commandement. À la fois escadrons de la mort et police secrète, les *opritchniki* semèrent la terreur en Russie jusqu'à la fin du règne d'Ivan, massacrant près de dix mille personnes.

2019, parmi les principaux idéologues du régime en place, aux côtés de visionnaires apocalyptiques comme Alexandre Douguine et Alexandre Prokhanov, qui pendant des décennies ont appelé le Kremlin à déclencher un conflit mondial. Aujourd'hui, la guerre est devenue le principal instrument politique du Kremlin, le fondement de sa légitimité alors que la Constitution a été modifiée pour permettre à Poutine de rester au pouvoir quasi indéfiniment, un outil de mobilisation de l'économie et de redistribution de ressources en voie de tarissement. Ayant tué la démocratie et déchiré la Constitution, le Kremlin ne peut plus gouverner qu'au moyen d'un état d'exception schmittien, qu'il s'agisse de lutte contre les « révolutions de couleur » dans les anciennes républiques soviétiques, d'annexion de la Crimée, de bataille contre le Covid ou de guerre contre l'Ukraine.

La guerre comme identité

Le 24 février 2022, le lendemain de la Journée de l'Armée rouge, rebaptisée par ironie sans doute Journée du défenseur de la patrie, la Russie a lancé l'invasion de l'Ukraine, une invasion qui, par l'importance des troupes engagées, la taille du territoire visé et le nombre de réfugiés, est rapidement devenue le plus important conflit armé survenu en Europe depuis la Seconde Guerre mondiale. La guerre en Ukraine a marqué une rupture radicale de la Russie avec trois décennies postsoviétiques, avec l'économie mondiale et les institutions internationales, elle a conduit le pays à subir des sanctions sans précédent et a fait d'elle un paria aux yeux de la plus grande partie du monde, mais étonnamment, elle n'a provoqué ni perturbation sociale ni déstabilisation politique intérieure : la majorité de la population a accepté le conflit comme nécessaire, elle est entrée dans la guerre comme un couteau dans du beurre, l'a endossée comme un vieux manteau hérité de son père.

Le moulin à propagande s'est mis en marche avec efficacité, le monde s'est divisé comme d'habitude en amis et ennemis, une part écrasante de la population s'est construit un système psychologique pour justifier, accepter ou ignorer la guerre, de manière à se créer une zone de confort, une sorte de coquille où il serait possible de vivre et d'évoluer comme à l'ordinaire. La guerre est normalisée, ancrée dans la vie quotidienne, dans les bulletins d'information, et les Russes la traitent comme une nécessité d'État qu'il ne sied pas de critiquer : d'en haut les chefs ont meilleure vue. La minorité pacifiste est dispersée et inaudible : la politique d'expulsion des dissidents hors du pays, couplée à une répression à grande échelle de ceux qui osent s'exprimer contre la guerre (citons, par exemple, la condamnation à sept ans de prison de l'élu municipal Alexeï Gorinov et les poursuites judiciaires engagées contre les opposants politiques Ilia Iachine et Vladimir Kara-Mourza en vertu du nouvel article 207.3 du Code pénal concernant la « discréditation de l'armée »), porte ses fruits : la protestation antiguerre est marginalisée, réduite au silence et incapable, du moins pour l'instant, d'ébranler la stabilité sociale et politique.

De plus, il semble que la guerre soit devenue le point de convergence du régime de Poutine, des élites et de la population, le « moment de vérité », la nouvelle référence de l'identité russe. Malgré la pénurie de marchandises et de composants importés, la hausse des prix et la fermeture de nombre d'entreprises à cause des sanctions, une part importante de la population éprouve un sentiment d'unité nationale dans ce contexte de confrontation avec le monde extérieur, tandis que les élites politiques et économiques se montrent optimistes et enthousiastes face à des défis sans précédent. De toute évidence, il ne s'agit pas de tendances à long terme, et la détérioration de la situation économique provoquera tôt ou tard une croissance du mécontentement, mais pour le moment, la situation confère au Kremlin un fort soutien politique, une légitimité afin de perpétuer le pouvoir et un mandat pour poursuivre la guerre.

La scandaleuse interview du directeur du musée de l'Ermitage, Mikhaïl Piotrovski, qui, entre autres confidences, martèle des maximes parfaitement fascistes, est en ce sens révélatrice : « D'un côté, la guerre, c'est le sang et le meurtre, mais de l'autre, c'est l'autoaffirmation du peuple, l'autoaffirmation de la nation. Tout individu désire s'affirmer. Et dans sa position par rapport à la guerre, il s'affirme sans aucun doute. » De lubie du Kremlin, la guerre contre l'Ukraine et le monde entier est devenue un mode d'autoaffirmation de la nation politique russe – et, chose étonnante, sans qu'émerge aucun autre projet d'autodétermination collective. La guerre d'Ukraine est dotée de tous les attributs de la droiture morale : dans la conscience des masses, elle apparaît comme un acte de représailles, visant à réparer une injustice globale, un déséquilibre fondamental dans les relations entre la Russie et le monde, comme la « riposte » tant attendue à l'Occident. La guerre est si symboliquement intense que son nom même est tabou : on ne peut proférer le mot « guerre » sans encourir une peine de prison, et il ne peut être écrit qu'avec des astérisques, ******, tout comme le nom de Dieu dans la tradition judaïque est figuré par un tétragramme qui ne se prononce pas. Par analogie, la censure russe interdit aussi pratiquement le mot « paix », considéré comme un appel antiguerre alternatif, et des farceurs ont déjà proposé d'écrire le titre du plus grand roman de Léon Tolstoï « ****** et **** ».

La guerre comme fin en soi

Pour le Kremlin, il n'est pas très important que le blitzkrieg ait échoué et que la guerre ne se déroule pas comme prévu : la Russie s'est toujours battue de manière inepte, maladroite, sans discernement quant aux moyens employés et sans se soucier du nombre de victimes parmi ses soldats et sa population civile (au reste, comme l'écrit l'économiste Alexandre Prokhorov dans son livre *Le Modèle russe de gouvernance*, en Russie, presque tous les objectifs s'accomplissent au prix d'une dépense excessive de ressources). Le but de cette guerre n'est pas la victoire immédiate et l'occupation de l'Ukraine, mais la guerre elle-même. L'Ukraine n'est pas une fin en soi, mais un prétexte, un prélude au conflit mondial permanent promis par le livre de Iouriev, à l'« incendie universel » d'Alexandre Blok, lequel est le véritable destin de la Russie et son seul espoir de renaissance. Plutôt que de rafistoler le toit percé de sa maison, bouter le feu à tout le village afin de revendiquer, sur ses cendres, son droit à la domination.

En effet, aujourd'hui, la Russie de Poutine n'a rien d'autre à offrir au monde extérieur que la guerre. Tous les acquis des dernières décennies ont été abolis par l'agressivité et l'isolement du pays : les théâtres de premier plan ont été vidés de leurs troupes, les réalisateurs et les artistes contraints de quitter la Russie, le sport de haut niveau détruit par le dopage, les sanctions et à présent la mise au ban mondiale des athlètes russes ; quant à la science et à la technologie russes, désormais coupées du monde extérieur, elles sont vouées en ce XXIe siècle au déclin, à la régression et au piratage, tandis que le meilleur de ce qui a été créé dans le domaine des technologies informatiques et financières – Yandex, Sberbank, Tinkoff Bank – passe sous le contrôle des *siloviki*, est confisqué par l'État ou évacue le pays. Ces derniers mois, la Russie, comme auparavant la Biélorussie, a vu des dizaines de milliers de programmeurs s'exiler par équipes, start-up et sociétés entières. Tout ce qui lui reste, c'est la bombe atomique, des armes soviétiques vieillissantes, une population appauvrie, prête à se battre pour de l'argent, et la production de peur comme principal bien d'exportation sur la scène internationale.

L'histoire a bouclé la boucle, et la Russie poutinienne, ayant réalisé son rêve passéiste, n'est pas différente de l'Union soviétique du début des années 1980 : un empire décrépit, accablé de sanctions, grondant mollement contre le monde extérieur, embourbé dans une guerre coloniale sans issue, ayant perdu amis, alliés et tout reste d'autorité. L'URSS était trop déliquescente et gangrenée pour créer quelque chose de nouveau, pour bâtir des institutions, offrir des solutions aux problèmes mondiaux, mais elle restait encore assez impressionnante, armée et dangereuse pour menacer l'Occident avec ses missiles SS-20, mener des guerres coloniales, soutenir des régimes terroristes, abattre un Boeing sud-coréen en 1983, contaminer la moitié de l'Europe avec les radiations de Tchernobyl en 1986… Il en va de même pour la Russie actuelle : trop faible pour construire un nouveau monde, mais toujours dangereuse et assez intégrée dans les réseaux mondiaux pour pouvoir détruire l'ancien monde, le menaçant de cataclysmes, d'instabilité, de nouvelles guerres et d'une catastrophe nucléaire. La Russie de Poutine est une copie-zombie de l'URSS relevée du tombeau, le même « empire du Mal », comme disait Ronald Reagan, qui ne peut plus rien apporter au monde que la guerre.

LA RUSSIE COMME PROBLÈME MONDIAL

Le monde en quête d'un bunker

Ayant quitté la Russie dans les premières semaines de la guerre, en mars 2022, je suis arrivé en Lituanie et j'y ai retrouvé de manière inattendue quelque chose qui avait été oublié depuis l'époque soviétique : la pénurie. Sel et allumettes avaient disparu des magasins. Les jours suivants, j'ai emprunté du sel à mes voisins, puis il est réapparu sur les rayons. L'iode aussi était introuvable dans les pharmacies lituaniennes : on dit qu'il faut en prendre en cas de radiations nucléaires.

Le mois d'avril fut relativement calme dans les pays baltes, mais d'autres crises de panique eurent lieu la veille du 9 mai, quand on soupçonna Poutine de vouloir célébrer le Jour de la Victoire soit par une mobilisation générale en Russie, soit par une frappe nucléaire sur plusieurs villes européennes. À Riga, en Lettonie, on s'attendait à des provocations, et il s'en produisit du reste, devant le monument à la gloire des troupes soviétiques, où des russophones locaux organisèrent une manifestation de soutien à la Russie. Pendant ce temps, en Allemagne, sur fond de guerre en Ukraine, on parlait de restaurer le système d'abris antiaériens collectifs en place depuis la Seconde Guerre mondiale et la guerre froide. En Europe et aux États-Unis, un véritable boom des bunkers se poursuit : la demande d'abris antiaériens privés a été multipliée par dix en dépit de leur prix variant de 50 000 à 1 million de dollars.

La paranoïa des Européens et des Américains impressionnables peut faire sourire, il n'en reste pas moins que la guerre en Ukraine rend le monde fébrile, comme jamais auparavant dans la mémoire des générations d'après-guerre : ni la guerre d'Irak ni les guerres en Yougoslavie n'ont eu un effet systémique aussi profond. Le président américain Joe Biden a accusé la Russie d'avoir provoqué aux États-Unis l'inflation la plus élevée depuis quarante ans : « La flambée des prix de Poutine a durement frappé en mai, ici et dans le monde entier : les prix élevés du carburant à la pompe, les prix de l'énergie et des denrées alimentaires ont représenté environ la moitié des augmentations de prix mensuelles, et les prix de l'essence ont grimpé de 2 dollars le gallon [1 gallon correspond à un peu moins de 4 litres]. » Vladimir Poutine à son tour a noté, non sans plaisir, que « l'inflation là-bas porte déjà mon nom, or nous n'y sommes absolument pour rien ». Comme il l'avait dit à propos des soldats russes lors de l'annexion de la Crimée par la Russie en 2014 : « Il n'y sont pas. »

Des événements non moins dramatiques se sont déroulés à l'été 2022 sur les marchés alimentaires : le monde a frôlé une véritable catastrophe. La guerre et le blocus imposé à l'Ukraine par la Russie ont fait que des millions de tonnes de céréales sont restées dans les champs, ont pourri dans les silos ou ont simplement été volées par l'agresseur (pour un montant d'au moins 0,5 milliard de dollars), condamnant à la famine des dizaines de millions de personnes en Afrique et en Asie. Comme l'a rappelé Timothy Snyder, l'idée de contrôler les céréales ukrainiennes n'est pas nouvelle, elle a passionné autant Staline que Hitler : le premier a organisé une famine en Ukraine, qui a coûté la vie à près de 4 millions de personnes, le second s'est rué sur les céréales ukrainiennes pour les expédier en Allemagne et affamer des millions de citoyens soviétiques. Poutine recourt aujourd'hui au même procédé en exerçant un chantage sur le reste du monde à l'aide du blocus céréalier, qui, dans son esprit, devrait également entraîner l'afflux en Europe de réfugiés d'Afrique du Nord et du Moyen-Orient, principales régions consommatrices de céréales ukrainiennes : cette tactique consistant à utiliser les migrants comme une arme a déjà été peaufinée par son homologue biélorusse Alexandre Loukachenko.

L'arme des faibles

Depuis des temps immémoriaux, le commerce de la peur est une spécialité de la Russie. Il existe une maxime, attribuée tantôt à Nicolas Ier, tantôt à Alexandre III, qui aurait été inscrite de la main de l'empereur lui-même dans les marges d'un manuel de géographie à l'usage des cadets qu'on lui soumettait pour approbation : « La Russie n'est pas une puissance industrielle, agricole ou commerciale ; la Russie est une puissance militaire, et sa vocation est d'être une menace pour le monde qui l'entoure. » (Il s'agit plus certainement de Nicolas Ier, connu pour éplucher chaque jour méticuleusement toutes les affaires de l'empire, des œuvres de Pouchkine au règlement intérieur des colonies militaires.) Je n'ai pas réussi à retrouver la source de cette citation, mais même si elle est apocryphe, la phrase reflète fidèlement la place de la Russie sur les cartes géographique et mentale du monde. Durant des siècles, la Russie, héritière de la Horde asiatique, a menacé l'Europe à ses frontières orientales, et c'est au fil des guerres survenues avec elle (et avec la Turquie) qu'une identité européenne s'est formée.

Dans le même temps, la Russie a dévoilé au monde d'autres facettes de son identité : celles du mysticisme, de la « spiritualité » (mythologie d'exportation particulièrement réussie), de la féminité et de la mystérieuse âme russe. Ce n'est pas un hasard si, dans de nombreux *James Bond*, l'adversaire de celui-ci est une espionne russe à la fois séduisante et perfide : ce stéréotype était déjà présent dans *Ninotchka* d'Ernst Lubitsch avec Greta Garbo (1939). Enfin, au XXe siècle, la Russie a également produit une image exceptionnelle de modernisation : l'explosion culturelle de l'avant-garde russe et l'explosion politique de la révolution ont libéré une énergie qui a animé le pays presque jusqu'à la fin du siècle. Pour de nombreux pays du tiers-monde, le projet de modernisation soviétique offrait une autre voie que le capitalisme libéral, c'était la base du *soft power* de l'URSS.

Cependant, dans les années 1980, après l'entrée des chars soviétiques à Budapest en 1956 et à Prague en 1968, après l'invasion de l'Afghanistan en 1979 et l'instauration de la loi martiale en Pologne en 1981, la voie soviétique s'est ternie, et l'arsenal de la superpuissance s'est réduit à un vieux stock de munitions éprouvées : les menaces.

La Russie, au fond, travaille à produire et à capitaliser des menaces, en cultivant le terrain fertile d'une peur historiquement ancrée dans le subconscient de l'Occident. Pareille exportation de la peur possède un nom précis – terrorisme – et une définition – emploi de la violence et de l'intimidation pour influer sur la conscience publique et les institutions. Aujourd'hui, la Russie pratique à l'échelle de l'État le terrorisme militaire, alimentaire, migratoire, informationnel et chimique (on se souvient des empoisonnements de Litvinenko, de Skripal et de Navalny), ainsi que le terrorisme nucléaire sous forme de chantage.

Le terrorisme est généralement l'arme des faibles – les Palestiniens, les islamistes, les gauchistes – qui tentent de fissurer de grands systèmes en recourant à des méthodes asymétriques pour agir sur un adversaire supérieur, en usant d'une brutalité démonstrative contre des victimes de hasard dans le but d'intimider les gouvernements et les populations. C'est cette tactique que Poutine emploie aujourd'hui pour compenser la faiblesse évidente de la Russie en matière économique, technologique et diplomatique. Il a entamé son règne en tant que « président de la modernisation », comme une sorte de Mahathir Mohamad, de Tony Blair ou de Bill Clinton – ces leaders internationaux qui ont essayé, chacun à sa manière, d'adapter leur pays à la mondialisation. Paradoxalement, vingt ans plus tard, la Russie est bien entrée dans la mondialisation, mais seulement à titre de destructrice, de terroriste et de menace majeure pour l'ordre mondial contemporain.

Refaire 1945

C'est ainsi que s'est définie la place de la Russie sur la carte du monde : si auparavant l'Occident pensait que la Russie resterait à la périphérie du système-monde, échangeant ses ressources naturelles contre des biens de consommation et contenant le chaos eurasien par le moyen de son État répressif, au XXIe siècle cette utopie s'est dissipée. La Russie est passée du statut de fournisseur de matières premières à celui de terroriste et de maître chanteur. Même l'hypothétique respect des « conditions de Poutine » ne résoudra rien, il ne fera qu'aiguiser les appétits du Kremlin en stimulant l'exportation du chaos, de la peur et de la violence. Au fur et à mesure que la guerre en Ukraine s'enlise et que les analystes débattent pour savoir où Poutine va frapper ensuite – Géorgie ou Moldavie ? Pologne ou Lituanie ? –, on prend conscience de l'ampleur de la catastrophe : il ne s'agit pas d'un conflit régional aux confins de l'Europe, comme de nombreux politiciens occidentaux aimeraient le croire, mais du plus grand défi lancé à l'Occident depuis la Seconde Guerre mondiale.

Il ne faut pas se leurrer : même si des obus explosent et que l'on meure en Ukraine, une guerre à grande échelle est déjà en cours sur toute la planète – probablement telle que la planifiait le Kremlin, obsédé par ses délires d'inévitable Troisième Guerre mondiale. Pour la mener, la Russie ne dispose pas d'une puissance militaire supérieure (le mythe de la « deuxième armée du monde » a volé en éclats à Kiev et à Bakhmout), ni d'un potentiel économique, ni de ressources humaines, technologiques et informationnelles importantes, mais elle possède un atout incontestable : la peur et la capacité d'influer sur les processus mondiaux bien au-delà de ses frontières. Le monde moderne est si complexe qu'une défaillance dans une chaîne peut entraîner des effets en cascade imprévisibles. En 2021, par exemple, l'échouement du porte-conteneurs *Ever Given* sur un banc de sable a interrompu le trafic dans le canal de Suez pendant six jours et causé d'importants dommages à l'économie mondiale. La Russie d'aujourd'hui, c'est ce même porte-conteneurs, ce même perturbateur, ce même virus informatique lancé sur la Toile, capable d'y causer des dommages importants, voire de faire s'effondrer le réseau. Et cela avant même qu'on prenne en compte ses armes nucléaires et les imprévisibles scénarios apocalyptiques de confrontation dont la menace ne fera qu'augmenter à mesure qu'il deviendra clair que la Russie ne peut pas résoudre ce conflit avec des armes conventionnelles.

Il n'y a pas de retour en arrière possible, le monde s'enfonce dans une spirale de confrontation, et nous sommes déjà dans des conditions de Troisième Guerre mondiale, qu'on l'appelle ainsi ou non. Cela ne ressemble plus à la répression de l'insurrection du Kosovo par Milošević ou à l'invasion du Koweït par Saddam Hussein, et encore moins à la crise des missiles de Cuba en 1962 ; l'analogie la plus proche est celle de l'Europe de 1938, quand il ne fut plus seulement question d'Anschluss et d'annexion des Sudètes, mais de bouleversement de l'ordre mondial. À cette époque, la myopie et l'indécision de l'Europe, ajoutées à sa politique d'apaisement envers l'agresseur, ont conduit le monde à la catastrophe. Cette leçon devrait être retenue.

Sans une solution radicale du « problème russe », la sécurité mondiale ne peut être assurée. Cela nécessite une coordination des efforts de la communauté internationale, telle qu'on n'en a pas vu depuis la Seconde Guerre mondiale. La Russie a trop longtemps joué avec le nombre mystique de 1945 et le slogan « on peut le refaire » – tout cela a débouché sur l'invasion de l'Ukraine. En fait, c'est à l'Occident lui-même de « refaire 1945 ». À l'époque, le travail n'avait été fait qu'à moitié : des deux dictatures sanguinaires qui avaient défié l'ordre mondial libéral, une seule avait été vaincue. Mais grâce à cette victoire, un autre empire, non moins dangereux, s'est renforcé. Il a traversé le XXe siècle, s'est en partie désintégré, mais a ressuscité au XXIe siècle et de nouveau menace l'humanité, de nouveau défie le monde libre. Il est temps pour l'Occident de terminer la besogne inachevée de 1945.

NOTES

Introduction
« De la méthode dans la folie »

1 G. W. F. Hegel, *Leçons sur la philosophie de l'histoire*, trad. Jean Gibelin, Paris, Vrin, 1937.

2 T. S. Eliot, *Les Hommes creux*, 1925. Trad. Pierre Leyris, dans *La Terre vaine et autres poèmes*, Paris, Le Seuil, 1969.

3 William Shakespeare, *Hamlet*, acte II, scène 2.

4 Marshall T. Poe, *The Russian Moment in World History*, Princeton University Press, 2003.

5 Richard Pipes, *Russia under the Old Regime*, Scribner, 1974.

6 Alexander Etkind, *Internal Colonization : Russia's Imperial Experience*, Polity Press, 2011.

7 Iouri Lotman, *Besedy o rousskoï koul'toure. Byt i traditsii rousskogo dvorianstva (XVIII – natchalo XIX vek* [Conversations sur la culture russe. Vie quotidienne et coutumes de la noblesse russe (XVIIIe – début XIXe siècle)], AST, 2020.

8 Samuel Greene et Graeme Robertson, *Putin vs. the People. The Perilous Politics of a Divided Russia*, Yale University Press, 2019.

9 Kristina Rotkirch et Anna Ljunggren (dir.), *Contemporary Russian Fiction : A Short List. Russian* Authors Interviewed by Kristina Rotkirch, Northwestern University Press, 2008.

10 Michel Foucault, *La Naissance de la biopolitique. Cours au Collège de France (1978-1979)*, Gallimard, Le Seuil, 2004.

11 Zygmunt Bauman, *Retrotopia*, trad. Frédéric Joly, Premier Parallèle, 2017.

12 Svetlana Boym, *The Future of Nostalgia*, Basic Books, 2001.

13 Masha Gessen, « The Russians Fleeing Putin's Wartime Crackdown », *The New Yorker*, 28 mars 2022 (newyorker.com/magazine/2022/03/28/the-russians-fleeing-putins-wartime-crackdown).

14 Réunion élargie du collège du ministère des Affaires étrangères, 18 novembre 2021 (kremlin.ru/events/president/news/67123).

15 Vladislav Sourkov, « Kouda delsia khaos ? Raspakovka stabil'nosti » [Où est passé le chaos ? Déballer la stabilité], *Aktoualnyé kommentarii*, 20 novembre 2021 (actualcomment.ru/kuda-delsya-khaos-raspakovka-stabilnosti-2111201336.html).

16 Timothy Snyder, « We Should Say It. Russia Is Fascist », *The New York Times*, 19 mai 2022 (nytimes.com/2022/05/19/opinion/russia-fascism-ukraine-putin.html), traduit en français dans Antoine Arjakovsky, *Pour sortir de la guerre*, Desclée de Brouwer, 2023.

17 Vladimir Pastoukhov, « Posledniaïa grajdanskaïa voïna » [La dernière guerre civile], *Vajnyé istorii*, 14 mars 2022 (istories.media/opinions/2022/03/14/poslednyaya-grazhdanskaya-voina/).

18 Timofeï Sergueïtsev, « Chto Rossiïa doljna sdelat' s Ukrainoï » [Ce que la Russie doit faire de l'Ukraine], RIA Novosti, 3 avril 2022 (archive.ph/FoMBp).

19 Mikhaïl Epstein, *Proektivnyï slovar' goumanitarnykh naouk* [Dictionnaire projectif des sciences humaines], NLO, 2017, p. 261-262.

Retour en 1937

1 Mikhaïl Rykline, *Terrorologika*, Tartou, Eidos, 1992.

Le diagnostic final

1 Ernst Kantorowicz, *Les Deux Corps du roi. Essai sur la théologie politique au Moyen Âge*, trad. Jean-Philippe et Nicole Genet, Gallimard, 1989.

Les zoos de la terreur

1 US Department of State, Bureau of Democracy, Human Rights and Labor, *2020 Country Reports on Human Rights Practices : Russia*, 30 mars 2021 (state.gov/reports/2020-country-reports-on-human-rights-practices/russia/).

Un générateur d'entropie

1 Voir Sergueï Medvedev, « In Search of Past Glory : Russia's Cultural Statecraft in the Age of Decline » [En quête d'une gloire passée : la diplomatie culturelle de la Russie à l'ère du déclin], *in* Tuomas Forsberg et Sirke Makinen (dir.), *Russia's Cultural Statecraft*, Routledge, 2022, p. 226-238.

2 Ibid.

3 Iver B. Neumann, *Russia as Europe's Other*, European University Institute, 1996.

4 Boris Groys, « Rossiïa kak podsoznanié Zapada » [La Russie, subconscient de l'Occident], in *Utopiïa i obmen* [Utopie et échange], Moscou, Znak, 1993. Voir aussi Sergueï Medvedev, « Russia as the Subconsciousness of Finland », *Security Dialogue*, 30(1), 1999, p. 95-107.

La Russie, un projet raté

1 Nicolas Gogol, *Les Âmes mortes*, Ire partie, chap. 2, trad. Henri Mongault.

2 Vladimir Sorokine, *Telluria*, trad. Anne Coldefy-Faucard, Actes Sud, 2017.

La vengeance de l'homme souterrain

1 Milan Kundera, *Jacques et son maître, hommage à Denis Diderot en trois actes*, précédé de « Introduction à une variation », Gallimard, 1981. Paru en anglais sous le titre « An Introduction to a Variation », *New York Times Book Review*, 6 janvier 1985.

2 Joseph Brodsky, « Why Milan Kundera is Wrong About Dostoyevsky », *New York Times Book Review*, 17 février 1985.

3 Fiodor Dostoïevski, *Le Sous-sol*, trad. Boris de Schlœzer, Gallimard, 1952.

La Russie à l'envers

1 Jeff Hawn, « Neraskaiavchaiasia armiïa » [Une armée non repentie], *Riddle*, 22 avril 2022 (ridl.io/ru/ne-raskayavshayasya-armiya/).

Marâtre patrie

1 twitter.com/menywddig/status/1626640662631268352

2 Voir la chaîne Telegram « Tolkovatel' » [L'exégète] (t.me/tolk_tolk/15212).

Les « gamins russes » à la guerre

1 Vladimir Pastoukhov, « "Tsel' etoï voïny – voïna". Vtorjenié v Ukrainou i samoguipnoz Kremlia » [« Le but de cette guerre, c'est la guerre. » L'invasion de l'Ukraine et l'auto-hypnose du Kremlin], Radio Free Europe/Radio Liberty, 4 juillet 2022 (svoboda.org/a/vladimir-pastuhov-tsel-etoy-voyny-voyna/31926250.html).

TABLE

COMPOSITION ET MISE EN PAGES
NORD COMPO À VILLENEUVE-D'ASCQ

ACHEVÉ D'IMPRIMER PAR CPI
EN JANVIER 2024

N° d'impression : 177033
Dépôt légal : février 2024
Imprimé en France